鉴赏平顺古建筑　品味太行博古架

# 绽放的华栱

葛水平　赵宏伟　编著

文物出版社

责任印制：张丽
责任编辑：陈峰

图书在版编目（CIP）数据
绽放的华栱/葛水平，赵宏伟编著.—北京：文物出版社，
2011.9
（晋东南记忆丛书）
ISBN 978-7-5010-3239-6

Ⅰ.①绽… Ⅱ.①葛… ②赵… Ⅲ.①古建筑–介绍–
山西省 Ⅳ.① K928.71
中国版本图书馆 CIP 数据核字（2011）第 163566 号

# 绽 放 的 华 栱

葛水平 赵宏伟 编著

\*
文 物 出 版 社 出 版 发 行
（北京市东直门内北小街 2 号楼）

邮政编码：100007

http://www.wenwu.com

E-mail:web@wenwu.com

河南省商水县冠祥彩印厂印刷
新 华 书 店 经 销
787×1092　1/16　印张：14
2011 年 9 月第 1 版　　2011 年 9 月第 1 次印刷
ISBN 978-7-5010-3239-6 定价：58 元

# 前面的话
## PREFACE

　　有一本书，叫《当彩色的声音尝起来是甜的》；有一群人，叫"科学松鼠会"。这拨快乐的松鼠一直尝试着用自己的利齿剥开科学的枯燥坚壳，让鲜美的果仁直接呈现在餐盘里，让色彩的声音尝起来有点甜。

　　本书试图采用同样的思路，让"彻上明造"、"剔地起突"、"驼峰"、"雀替"，这些华丽而不知所云的古建筑生涩词藻，用彩色的果酱浸润开来，让那些遗存在太行山间的古刹老庙不仅只是肃穆庄严。

　　傅熹年先生在《中国古代建筑史》中说："我国公元9世纪以前的地面建筑，几乎都未能免于历史上的种种劫难，而极少留存至今的，都是宗教建筑。"平顺的古建筑保存的是如此集中，如此完好。国内仅存的唐朝木构古建筑四有其一，五代木构古建筑五有其二。当年梁思成先生探访古建，因种种原因与平顺擦肩而过，这可谓是历史的遗憾。

# FOREWORD

# 序

　　岁月是一条长长的河流，从春到夏，经秋涉冬，变换着四季的色彩，孕育着大地的文明。任职平顺的日子，一次又一次沿着岁月之河漫溯，去寻找太行山深处的生命记忆。

　　在这块古老的土地上，新石器时代，先民们已在浊漳河流域和百里滩沿岸繁衍生息，并为我们留下众多珍贵的历史文化遗产。1550平方公里的土地上地表文物就有1566处，其分布之稠密、年代之久远、保存之完好，堪称奇迹。岁月无情，历史的风雨磨蚀了它们曾有的光芒，可地理的崎岖闭塞却使它们躲过了种种劫难，留存至今；人间有爱，无数有识之士的奔走呼号，这些珍藏至宝终于拨云见日，得享历史的尊严。

　　时光早已远去，那些曾经吹过山野的风还留在斗栱上；描绘的手早已化入尘埃，从他们手底流溢出来的色彩还在；晨钟暮鼓已成故事，从那里生长起来的繁荣却留在石窟里。

　　葛水平喜欢北方的大山，喜欢大山里的河流，更喜欢深山更深处，清水更清处沧桑的古建、古村、古隘口。赵宏伟则经年累月奔走于太行山的沟沟涧涧，踏古道、觅古迹、访古踪，一遍遍地寻找，寻找源头，寻找根脉，寻找回家的道路。正是他们的栉风沐雨，孜孜以求，《绽放的华栱》终于付梓面世。书中大幅的特写照片如连绵的山峦，那空灵、温婉的文字恰似流淌在山间清澈的溪水。顺水望去，仿佛一幅大气磅礴、沉雄高古的宋代山水长卷正徐徐展开。危峰突兀，飞瀑直下，溪水涓涓，山路弯弯，古寺悠悠，苍山幽远。洋洋洒洒，时聚时散，或疾或徐，步移景异，目不暇接。

读之悟之。凝重的古建，在作者的笔下变得轻盈而灵活，陌生的构件变得亲切而温暖，艰涩的词藻变得明晰而生动。天台庵、大云院、龙门寺、金灯寺等全国重点文物保护单位撩开神秘的面纱从历史深处款款走来，仿佛听到它们轻轻地诉说和微微地叹息。北宋的《营造法式》、清朝的《工部工程做法则例》、《中国建筑史》则试图告诉我们一个未知的造型世界。遥想风雨如晦的上世纪40年代，梁思成、林徽因等中国营造学社的建筑宗师们，是怎样躲过日军的炮火，在寂寞的西南古镇李庄书写了中国文化史上动人的一幕。大木作、斗栱、柱础、鸱吻、雀替的解读，悬山顶、硬山顶、歇山顶、庑殿顶建筑等级制度的遗痕，壁画、造像、石雕、木雕、砖雕的更替，石塔的由来，石窟的演变，龙文化、狮文化的流播，古戏楼的发展，儒、道、佛在庙宇建筑上的演绎，在通透、绮丽的描摹里，产生了节奏和韵律，充满了情感和韵致，使我们一下接通了这块古老土地上的文明源流。

读之叹之。大禹，那个从洪荒传说中走来的领路人，在无限的空间和邈远的时间里为我们留下多少凭吊和思索，仅平顺除了侯壁村全国重点文物保护单位夏禹神祠外还有十处禹王庙。仰望天台庵凌空的飞檐，天地无言，大音希声，你我红尘中喧嚣的内心立刻归于平静。驻足大云，飞天翩翩，看自由的灵魂从五代起在人间舞过千年。慈祥的圣母走下圣坛，以四景车与百姓祈福共娱。圣母庙檐下如云的斗栱，层层叠叠，一如莲花的开落。六朝的高洁飘逸，隋朝的粗犷简约，唐代的明快张扬，宋代的亭亭玉立，明清的繁缛细密，一一淋漓铺开。夕照紫峰山，露水河畔古朴精巧的五代方形石塔，犹如明惠大师依稀的背影。龙门一禅寺，阅尽六朝事。生命的轮回，朝代的更替，在深山古寺薪火相传。龙滤之巅金灯寺，依山开凿，因岩结构。经典的山水、经典的作品，惊叹于那一孔孔神奇的洞窟，那一个个精巧的佛龛，那一座座大大小小会通天地的佛像。从北齐到明朝，有多少人把一生的时间留在洞窟？有多少生命成年累月做着同一件事情？他们的生命逝去了，可他们刻在石头上的痕迹还在。在大隐于市的淳化寺，惊异于那一片片遮风挡雨的小小陶泥瓦当，竟承载了那么多的时代标识——战国的动物、秦人的云纹、西汉的书法、东汉的莲花、宋元的兽面、明清的蟠龙。这就是艺术，于平常处蕴精髓，在细微处见精神！

　　读之思之。文化的每一次远行，几乎都是向着它的古老家园的再度回归。《古韵平顺》如是，《绽放的华棋》也如是。"鉴赏平顺古建筑、品味太行博古架"——作者分《高挑飞檐的古刹》、《扼守陉道的关隘》、《浓槐淡柳的民居》、《遗存庙会的村庄》四部分，言约意丰，图文并茂，向人们展示了一个古雅而深邃、苍凉而内敛的平顺，这是平顺鲜为人知的另一面，也是需要我们精心挖掘保护的一面。平顺人的自信源于这块土地上厚重的文化，平顺人的底气源于这块土地上悠久的历史，平顺人的"四特七不"精神源于这块土地上几千年文化的滋养。经济和文化，如鸟之双翼，车之两轮，相辅相成，密不可分。在平顺工作，最值得自豪的是为平顺文化做了些该做的事，最值得骄傲的是为文化平顺做了些想做的事。

　　文化的力量源于生命的精魂，历史的丰盈源于蓬勃的血脉。随着传统农耕文明和宗法社会的土壤逐渐削弱和消亡，保护那些风雨飘摇的古建筑，保护那些正在消失的古村落古民居，传承那些被遗忘的民间文化，传承那些面临人亡艺绝的民间技艺，使它们免受全球经济一体化和现代化进程的冲击和消解成为我们的当务之急，因为保护它们就是保护我们的精神家园，就是保护我们发展的根脉。由此出发，《绽放的华栱》意莫大焉。愿更多希望认识平顺，圆梦平顺的有识之士看到她，也愿更多的人读后有所思，思后有所行，将爱护文化、传承文明变成自觉的行动。

是为序。


陈鹏飞　中共平顺县委书记
吴小华　平顺县人民政府县长

# Contents　　　　目　录

## 高挑飞檐的古刹

# Contents　　　　　　目　录

在山西,
有山泉的地方就有麻雀;
在晋东南,
有麻雀的地方就有村庄;
在平顺,
有村庄的地方就有老庙。

晚唐大木构，解读"四椽栿"

# 简约大唐天台庵

创建年代：不详
现存架构：晚唐
地理位置：平顺县王曲村

宁静安详是一块心灵净土。它之所以能存活下来与紫陌红尘中的百姓有极
大关系。相信，它一路站过来，千年不倒，不仅有佛面向人间拈花微笑
的淡定，也有凡俗明月当空清光如水的祈愿。

**天**台庵是佛教天台宗（我国第一个佛教宗派）的庵院，晚唐建筑。
唐代以前建筑只有在墓道和石窟上有零星点缀，但它的一块砖、
一抔土，略做考证，那上面就可能蕴含或发生过惊天动地的历史故事。
**唐**代建筑技术木构架已能正确地运用材料性能，建筑设计中已知运
用以"材"为木构架设计的标准，朝廷制定了营缮的法令，设置
有掌握绳墨、绘制图样和管理营造的官员。

"彻上明造"就是室内不用天花板

**关**于天台庵始建的确切年代，现已无从考证。庵前的石碑早已字迹漫漶，庵内梁柱没有题记。

**如**何确定天台庵的所建年代？

**梁**启超之子梁思成先生讲："我国建筑之结构原则……皆以大木架构为主体。大木手法之变迁，即为构成各时代特征之主要成分。故建筑物之时代判断，应以大木为标准，次辅以文献纪录，及装修，雕刻，彩画，瓦饰等项，互相参证，然后结论庶不易失其正鹄。"也就是说，年代的确认，要依靠专家们对建筑手法进行推断，再结合当时的墨书题记、石碑、县志、瓦饰等记载，互相印证，最终才能断定。

天台庵建在平顺县王曲村村中心的坛形孤山顶上，烟雾浓厚的俗世中诞生了它，如今，你站在它的屋檐下，万千光影中，你不敢大声喧哗，你看，屋檐像高展的双翼，墩厚的高台，它就是一个唐代的美人。

**驮** 碑的赑屃（bì xì）歪着头，形体演绎着一种神秘，述说着一种虔诚。

**捱** 过了战争的腥风血雨，躲过了"文革"的破旧立新，熬到现在的日子，你读它，你会双眼出泪。

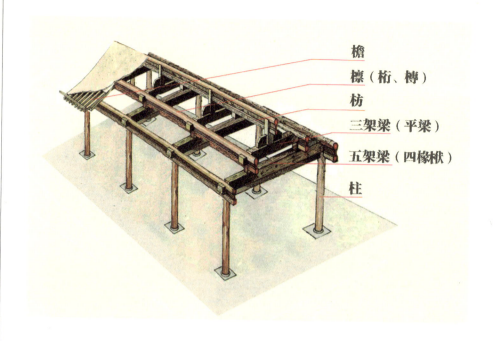

檐
檩（桁、槫）
枋
三架梁（平梁）
五架梁（四椽栿）
柱

所谓"大木架构"，是指房屋木结构的主要承重部分，由柱、梁、枋、檩等构成，又称"大木作"。柱、梁、枋、檩是现代的叫法，在宋朝，分别称为柱、栿、枋、槫。

中国古代有两部建筑技术规范。一部是刊行于北宋崇宁二年（1103 年）的《营造法式》，另一部是清雍正十二年(1734 年)钦定的《工部工程做法则例》。

中国古代建筑泛指清道光二十年（1840 年）前的现存建筑。

天台庵梁架建筑手法叫"四椽栿通檐用二柱"。解读 "四椽栿"， 就是屋前后二坡各两架椽，共四架椽。用现在的话说，就是最下面的梁上架五根檩，叫"五架梁"；"通檐用二柱" 就是殿内无柱，梁架在前后二檐柱上。

天台庵是 1956 年山西文物普查时发现的。当时发现者认为"有些地方近似南禅寺正殿……可能是一座晚唐的建筑"。1973 年，山西省古建筑所原所长柴泽俊先生根据大木构架确定为唐代建筑。唐后，中国进入三百多年割据战乱时期，先是梁、唐、晋、汉、周五个朝代的更替和十个地方政权的割据，接着又是宋与辽、金南北对峙，因而中国社会经济遭到巨大的破坏，建筑也从唐代的高峰上跌落下来，再没有长安那么大规模的都城与宫殿了。

南禅寺正殿重建于 782 年（唐德宗建中三年），是我国现存最古老的唐代木构建筑。殿内的一根大平梁上面，保存有不十分明显的墨迹： "因旧名（时）大唐建中三年……重建殿法显等谨志。"两殿长的就像孪生姐妹。

**天**台庵，天台宗的厅堂。

**天**台宗，汉化的佛教。

**我**在正午的天台庵前，看到围绕着四下里散开的村庄，房屋上晒着丰收的玉米，更远处的田埂指向了庄稼人坚守一生的劳作场地——田野。收割后的田埂上飘过来庄稼成熟后的芳香。一个老农肘下夹着红布和香火走进天台庵，在空空的地上他点燃了三柱香，我在他苍老的无限虔诚的面容上看到了天台庵存活下来的可能。

**想**起来陈、隋年月，住在天台山的和尚智颛（531～597年）学佛有悟，结合国产儒、道学说创建天台宗。把教义空间拓展到十界，即佛、菩萨、缘觉、声闻、天、人、阿修罗、鬼、畜生、地狱。前四界称"四圣"，后六界称"六凡"，佛教彻底汉化。高远的天空下，佛让世自足。

比拟敦煌画　诉说维摩诘

# 五代浓彩大云院

创建年代：五代晋天福三年（938年）
现存架构：五代至清
地理位置：平顺县实会村

寺庙能够生存下来，最为基本的元素是人。人极具纷繁无尽的思想变体搭配组合形成了理想，理想中灵动飞扬的人类，在创造家园时同时创造了一个能指导人们日常生活的影子——寺庙。说穿了，寺庙是一种世俗，一种庸常生活，一种人间烟火。如此，我在近距离观赏大云院时，大云院给了我一种特别亲近的感觉。修旧如旧，庙宇通过造"旧"，营造出了梦境般的历史氛围。

大云院从后晋天福三年建造大佛殿，至清顺治、康熙年间，可谓是风雨沧桑。五代后周世宗在位时（954~959年），限制佛教发展，减少寺院和僧尼，严禁私自出家，据《佛祖统记》、《资治通鉴》载："显德二年（955年）四月下诏，至今不许私度僧尼，及亲无侍养者不许出家，无敕寺舍业须停废。"当年废毁佛寺三千三百三十六所，废毁的铜佛像全部锻造钱币。大云院主持圆寂时的七宝塔遂被佛教信徒掘土掩埋。宋咸平二年（999年）幸蒙皇王大惠，殿宇扩建有一百余间，明代时由于战乱，逐年毁损，清代有过几次修建，总难有昔年辉煌，始成今日规模。时光飞逝，而历史只不过是昨夜星辰，冷冷照下来感觉不到暖意但是能感觉到风吹。历经千年，大云院几经修补建造，变化虽大，但中大殿却古貌依旧，原构依然，属后晋天福年间建筑。

从碑记上看，宋朝鼎盛时"殿宇有一百间"；元代到中原射鸟的那些家伙把老庙折腾的够呛，除了大佛殿独存，"寺内建筑大多坍毁"；明朝朱见深和他儿子朱祐樘执政时相继又建僧房，又塑佛像，好不容易恢复的差不多了，清康熙三十一年，一次暴雨将"殿宇僧舍漂流无存"；大佛殿命大，除泡倒了西山墙，别无大恙。从康熙三十三年开始重建，历经五年，寺院终于又有了寺院样。

大云院，云间的史魂。

**原**本大殿四壁上都有寓教于乐的连环画，对于那些斗大的字不识几个的山乡老农，这就是他们的信仰启蒙。可惜岁月漫漶，只剩东壁上的"维摩诘经变图"。

**壁**画的故事非常简单，场面却异常宏大。维摩诘是位古印度的不出家和尚（居士），精通佛法，深明佛理。当年释迦牟尼到维摩诘家乡巡回演讲，维摩诘竟托病不去。佛祖派得意门生文殊菩萨前去理论，反倒被床榻上的维摩诘阐述的佛教义理所折服。故事主题是阐明出家住寺不是学佛的惟一途径，佛学在心，而不在形，觉悟和超脱是人性修行的结果。

**画**面上维摩诘身着魏晋服饰，侧身半卧于幔帐坐榻之上，神情怡然。文殊端坐对面，体态丰韵，若有所思。

**背**景人物众多，一个个表情虔诚，洗耳恭听。祥云上飞天起舞，楼阁间力士狰狞。壁画构图对称而不失灵动，庄严而不显凝重。绘画技法为典型的晚唐风格：焦墨淡彩显然继吴道子之风，高古游丝肯定得高人真传。遥相呼应，浑然一体。画面上方飞天回翔，紫雾缭绕，天女散花，呼之欲出。扇面墙上左侧绘有观世音，右侧是大势至。二菩萨袒胸露腹，面相凝重，雍容典雅。

扇面墙背画"西方净土变"。画面上方众菩萨和仆从分宾主谈话其间，主尊仆殿。一派升平景象。画面下方是 8 个边歌边舞边奏乐的乐伎，吹笛拍钹，广袖长裙，围成环状，翩翩起舞，神姿仙态，楚楚动人，拱眼壁和阑额上保存五代彩绘 21 平方米，色彩庄重，古朴典雅。大云院五代壁画，上承晚唐风格，无论男女皆以丰腴富态为美，心胸坦荡，气宇轩昂。

**此**处五代壁画上承晚唐风格，人物不分男女，均是以胖为美，心胸宽广，气宇轩昂，表现出每尊画像的超脱形像。画技依袭"焦墨淡彩"的特点，以"铁线描"为主，"蚯蚓描"、"高古游丝描"为辅，笔刀遒健，气韵连贯，下笔有力，运笔流畅，再施立粉贴鑫，使画面平面中有立体之感，淡雅内含富丽之美，扇面墙正面，绘弥陀佛齐侍观世音、大势至二菩萨，体态丰盈、神姿娴静。扇面墙背面画"西方净土变"，上部天宫楼阁，下部诸菩萨朝会，真是无限空间的永恒欢愉啊，无奈惜已漫漶，色泽线条多已模糊不清了。殿内还存有五代石香炉一个，下刻铭记"仙岩禅院广顺二年（952 年）岁次壬子八月十五日"。还有北宋乾德四年（966 年）北宋咸平二年（999 年）石经幢，以及石雕罗汉，座下铭记太平兴国八年（983 年）。

**宝**塔可谓八面玲珑，各
屏展示歌舞升平。

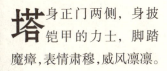

塔身正门两侧，身披铠甲的力士，脚踏魔瘴，表情肃穆，威风凛凛。

我一直相信寺庙是有灵魂的，历史鼓槌敲响的是他心跳的声音，而平民大众人声沸沸的吵闹必定是负载着今生之重量的祈求。年代久远，消失的也许已成为历史生命的绽放，存活的是否才是具有洞察历史的慧目！寺庙，寺庙，延展到天地四方的人类生活的影子，它历经风雨艰难困苦地存活着，当我们伸手触摸它时，我分明听到它在向人类倾诉：爱护我——几近朽枯的底色和岁月。

碑刻镌舞楼　献殿叙斗栱

# 宋韵九天圣母庙

创建年代：隋
现存架构：北宋至清
地理位置：平顺县北社乡东河村

林徽因曾经说过："……在山西，砖筑或石砌物，斑彩醇和，多带红黄色，在日光里与山冈原野同醉，浓艳夺人，尤其是在夕阳西下时，砖石如染，远近殷红映照，绮丽特甚。"

## 九与

天圣母是一个女人，在当地主管男女不育。《云笈七签》卷一百《轩辕本纪》云：黄帝"于玄女、素女受房中之术"。流浪在民间的欲望，在世俗的最低处，与美好的日子贴近着。这个世界生机无限，让日子丰富而有趣味。

晋东南遍野点缀的山神小庙相比，九天圣母庙是从村庄的花茎上跃起来了，云岚一样，有一种诗性的优雅。

据殿内元中统二年（1621年）碑记载，该庙创建于隋唐，北宋建中靖国元年（1101年）重建。明嘉靖二十三年（1544年）新建祠西北角九楹、东北角八楹，重修正殿、后土殿、李靖王殿等，形成了完整的建筑布局。明洪武、正统、嘉靖、天启、崇祯，清顺治、康熙、乾隆、咸丰、光绪年间屡有修葺。寺庙坐北朝南，中轴线上主要建筑有山门、献殿、圣母殿、两侧有耳房、药王殿、阎王殿、梳妆楼、孔子殿、后土殿、十帅殿、李靖王殿、龙王殿等，烘托出庄严雄伟的庙貌。

在圣母殿与舞楼之间有座献亭。高台筑亭，四周青石垒砌，东西南三面出明台，设踏跺。亭面阔三间，进深五间，庑殿顶建筑。亭内彻上露明造，梁架装修等全部构件均为裸露。石柱圆梁，为原始材料砍制后而使用，尚保留元代建筑风格。亭顶灰脊灰兽，筒板布瓦屋面。这种庑殿顶的建筑，在上党地区称得上是绝无仅有的。

庙内现存宋、元、明、清碑刻二十余通，大多竖立于献亭之内。碑文内容大多记载创修、增建及重修庙堂的历史沿革及主要事宜，这些对研究寺庙历史、当地习俗具有重要史料价值。据北宋建中靖国元年（1101年）的《潞州潞城县三池里东圣母仙乡之碑》记载："命良工再造北殿，创起舞楼"，即在宋代重修圣母殿的同时就创建了舞楼，将戏台的初创向前推进了一个时代。记载戏剧舞台的碑刻，在国内首屈一指，十分珍贵，是研究中国戏剧史与宋代杂剧发展的重要史料。

九天圣母庙具有的价值并不仅仅只是建筑与史料，千百年来，九天圣母已成为当地人民的一处重要活动场所。他们每年都在这里举办神社庙会，期盼来年好的收成与平安的生活。圣母庙每年四月一次的大型庙会，叫"大赛会"，其实是民间艺术的比赛会，类似今天的民间艺术节、农民运动会形式。五大社轮流执掌，五年一轮，形式多样，热闹非凡。这些活动是人们对美好生活的向往，同时也极大地促进了当地民间文化艺术和农村经济的发展。

**在**中国传统屋顶的柱檐之间绽放着如莲的斗栱。斗栱是中国传统木构架建筑形制演变的重要标志，也是鉴别中国古代木构架建筑年代的一个重要依据。

**斗**栱的形象，始见于青铜器，汉代的石器建筑上屡有展现；从结构功能上讲，成熟于唐，发展于宋；停滞于元代，衰落于明清。

**唐**朝的斗栱，钵承了六朝的高洁飘逸，继续了隋朝的粗犷简约，在如翼的檐下盛开着一朵朵优雅的华栱。务实自信的唐人，把明快的斗栱置于建筑的视觉中心，斗栱的高度竟是柱高的二分之一。不屑风雅，张扬个性。

**宋**朝的斗栱，在新的规则下发展到一个舒适的尺度。改良了唐的肥美，淘汰了五代的繁杂；檐柱上，亭亭玉立着一段娟秀的宋词。

**元**代的斗栱只是匠人的消遣。

**明**清的斗栱基本于建筑结构无关，繁缛羸弱，蜕化为柱檐之间奢侈的装饰。

**斗**栱的确是一种很奇特的构件，一块块小木头组合起来居然可以挑起那么沉重、那样深远的屋檐，这真是我国古代工匠一项了不起的创造。唐、宋时期的斗栱形制已经发展得很成熟了，屋身上的斗栱很大，一组在柱子上的斗栱，有四层栱木相叠，层层挑出，有的可以使大殿的屋檐墙体伸出达 4 米之远。斗栱的高度有的可达 2 米，几乎有柱身高度的一半，充分显示了斗栱在结构上的重要作用。明、清时期的建筑，斗栱在屋檐下的支挑作用逐渐减少，斗栱本身的尺寸也因而日渐缩小。斗栱逐渐成为一种装饰性构件，均匀地分布在屋檐下。

柱和阑额

斗栱结构

无迹海会院　青石说"浮屠"

# 孤傲明惠大师塔

创建年代：五代后唐长兴三年（932 年）
现存架构：五代
地理位置：平顺县虹梯关乡虹霓村

栌斗
柱和阑额

斗栱结构

**公**元 877 年的一个北风呼号，呵气冻冰的冬夜，也就是唐僖宗乾符四年的正月十三晚上，高僧颜举死于非命。他知道谁要杀他，也知道为了什么，但没有回避，也没有防范，只说了句：吾久于生死心不怖焉，若被所诛，偿宿债矣。

**虚**怀若谷的颜举被皇帝赐封"明惠大师"，弟子崇昭奉命建塔。

**没**有史料佐证，唐代皇帝是如何得知这个山沟里死了个老僧，碑文中也没有记载颜举是如何的德高望重；只留下一座秀美的石塔，只留下一段不灭的精神。

**明**惠大师塔是为安葬明惠大师的舍利而建造的。火化后尸骨的舍利，像珠子一样发出晶莹的光泽。把舍利埋入地下，上面堆起一座圆形土堆，在印度梵文中称为"窣堵波"，"浮屠"或称"浮图"，翻译成中文称"塔婆"，后简称为塔。

印度桑契窣堵波

泥道栱
栌斗
柱和阑额

斗栱结构

早期中国没有塔，连"塔"这个字也没有。人们根据梵文"佛"字的音韵"布达"，造出了一个"苔"字，并加上一个"土"字旁，以表示坟冢的意思。这样，"塔"这个字既确切地表达了它固有的埋葬佛舍利的功能，又从音韵上表示了它是古印度的原有建筑，准确、恰当而又绝妙，于是"塔"的名称流行广泛。

塔作为一种佛教载体进入中国应该是公元 68 年的事，汉明帝于永平十一年在首都洛阳创建了第一座佛教寺院——白马寺，其中就有塔这种建筑。"自洛中构白马寺，盛饰浮图，画亦甚妙，为四方式。"[①]早期的塔有何面貌？已无迹可寻，只知道它是中国楼阁式嫁接作品。"凡宫塔制度，犹依天竺旧状而重构之，从一级至三、五、七、九。世人相承，谓之'浮图'，或云'佛图'。"[②]很显然，"天竺旧状"指的就是来自印度的窣堵波，而"重构之"就是多层木楼阁。在木楼阁的顶上放置窣堵波，应当就是这早期佛塔的基本形式。

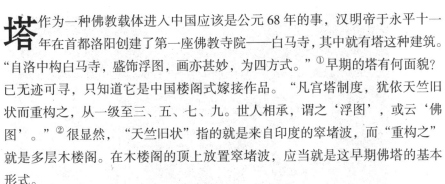

唐代的塔基本不修边幅，体现为简练而明确的线条，稳定而端庄的轮廓。

五代的塔崇尚宗教精神，张扬佛教的内在感染力，豪华而不奢侈。

宋代的塔追求细腻纤秀，精雕细琢、柔和清丽，渲染出繁缛的轮廓变化和俗艳的形式美。

注：①②《魏书·释老志》

华栱
泥道栱
栌斗
柱和阑额

**斗栱结构**

**明**惠大师塔被《中国古代建筑史》引为五代时期方形石塔的典范之作。舍利塔通体青石雕造，造型为单层亭阁式方形塔。塔基高1.53米，素石砌垒；塔座为束腰须弥式，每面设四个壶门，门内高浮雕（剔地起突）石狮十六尊，形形色色，无一雷同。塔身高1.8米，仿木结构，单檐微挑，柱、枋、额、颊、窗棂俱全，正南面开门，门两侧各浮雕有金刚一尊，门上起半圆形券，浮雕伎乐天三躯；塔身左、右两面刻假破子棂窗及仿木的额、枋；塔身背面嵌有后唐长兴三年（932年）镌刻的《海会院明惠大师铭记碑》，记载了石塔雕造的年代和缘起。塔身四角柱上线刻有卷草、宝相花和化生童子，线条精美流畅。塔刹由束腰、山花蕉叶、覆钵和宝珠四部分组成，古雅优美。明惠大师塔造型古朴精巧，比例适度，雕饰华美，是晚唐、五代单层石塔作品中的佼佼者。

**佛** 塔束腰部分每面雕刻壶门四个，门内剔地凸起（浅浮雕）石狮十六尊，狮身周系环花草绫带。这些小兽，或蹲或卧，或立或跃，形态各异生动活泼。

**说** 是狮子，其实与自然界的动物没太大关系。我国不产狮子，在现有的文献记录中，没有本土出产狮子的记载。最早的引进记录是班固的《汉书·西域传》（卷九六下）："巨象、狮子、猛犬、大雀之群食于外圃。殊方异物，四面而至。" 称为"殊方异物"，可见当时国人在此之前没有见过狮子。

**佛** 塔上雕刻的狮子，准确点说应该叫狻猊，是古代中国人想像中的瑞兽。春秋时的《穆天子传》称："名兽使足，走千里；狻猊野马，走五百里。"《尔雅·释兽》中记载："狻麑，似虦猫，食虎豹。"郭璞注曰："即狮子也，出西域。"依《尔雅·释兽》解"虎窃毛谓之虦猫"，"虦猫"是指浅毛的老虎。中国远古时期，腹地中原也虎豹遍野，虎在当时中国属于比较常见的动物，那么以常见的本地猛兽解释罕见且类似的"殊方异物"是很自然的事情。

散斗和交叉斗
华栱
泥道栱
栌斗
柱和阑额

斗栱结构

**西**汉时，有个别头狮子以贡品身份进入中国，普通人很难见到具体形象，狮子也只能被皇家和少数达官贵人们所独享，许多文人墨客恐怕也只是道听途说地对狮子进行臆想描述。于是这个过程也就不可避免地对狮子进行了"中国化"的神化。《汉书·西域传》中关于狮子形象的记载："狮子似虎，正黄，有髯䫇，尾端茸毛大如斗。"则像是描述大尾巴的狻猊，完全一幅石狮子模样。

**唐**代时，石狮子造型基本定型。采用写意的创作方法，石狮子完全中国化了。石狮子雕刻得异常壮丽，而且传神：头披卷毛，张嘴扬颈，四爪强劲有力，神态盛气凌人……

**明**惠舍利塔的十六尊石狮，完全是唐狮的写照。

泥道慢栱
散斗和交叉斗
华栱
泥道栱
栌斗
柱和阑额

斗栱结构

**明**代后，石狮子雕刻艺术不仅比唐代更高，而且人们生活中使用的范围也更加广泛。宫殿、府第、陵寝、甚至一般市民住宅，都用石狮子守门；在门楣檐角、石栏杆等建筑上也雕上石狮作为装饰。如闻名中外的卢沟桥，其两边140个柱头上，都雕刻着玲珑活泼的石狮子。姿态多样，神情丰富，大小不一，雕刻得活灵活现。清代，狮子的雕刻已基本定型，《扬州画舫录》中规定："狮子分头、脸、身、腿、牙、胯、绣带、铃铛、旋螺纹、滚凿绣珠、出凿崽子。"石狮子通常以须弥座为基座，基座上有锦铺。狮子的造型各异，在中国又经过了美化修饰，基本的形态都是满头卷发，威武雄壮。狮子的造型在不同的朝代有不同的特征：汉唐时通常强悍威猛；元朝时身躯瘦长有力；明清时较为温顺。

**看**门的石狮子的摆放是有规矩的。一般来说，都是一雄一雌，成双成对的，而且一般都是左雄右雌，符合中国传统男左女右的阴阳哲学。放在门口左侧的雄狮一般都雕成右前爪玩弄绣球或者两前爪之间放一个绣球；门口右侧雌狮则雕成左前爪抚摸幼狮或者两前爪之间卧一幼狮。比较有名的狮子包括天安门前的狮子，中山公园社稷坛门外的狮子，北京大学门前的狮子，沧州铁狮和卢沟桥望柱上的四百多只狮子，俗话说"卢沟桥的石狮子——数不清"。北京天安门金水桥前后，各有一对点缀性的大石狮子，左雄右雌，雕刻得极为精美。右侧石狮子的腹部有一块伤痕。关于这道伤痕有两个传说：一是说，明代时的将领李国祯被著名的农民起义军领袖李自成追击，躲藏在石狮子的后面，李自成发现了，举剑狠狠刺去，结果使石狮子受到误伤；另一说，八国联军入侵北京，石狮子被侵略军所破坏。

**除**了石狮子，狮子对我国文化的影响是多方面的，大家熟知的狮子舞，即"舞狮"最迟在唐代已风靡各地，至今不衰。

**狮**子在民间有辟邪的作用，常用来守门。狮子又是兽中之王，有显示尊贵和威严的作用，按照传统习俗，成对的狮子是左雄右雌，还可以从狮子所踩之物来辨别，蹄下为球，象征统一寰宇和无上权利，必为雄狮。蹄下踩着幼狮，象征子孙绵延，是雌狮。如果狮子所蹲之石刻着凤凰和牡丹，鸟中之王，花中之王，就称"三王之狮"。还有南狮北狮之分，北狮威严雄壮，南狮活泼有趣。

深山藏古刹　无吻不为殿

# 古建集锦龙门寺

创建年代：北齐天保元年（550 年）
现存架构：五代至清
地理位置：平顺县石城镇源头村

华头子
泥道慢栱
散斗和交叉斗
华栱
泥道栱
栌斗
柱和阑额

斗栱结构

**每**个朝代，不管他的历史有多长，一定有他的建筑语汇———一种极富有感染力的符号，一本诉说朝代更替的书，让我们从中看到历史曾有的曙光。

**龙**门寺在平顺县城西北 65 公里的石城镇源头村北二里许的龙门山腰。根据大明成化十五年（1479 年）石碑刻记"考诸断碑厥初创建于北齐文宣帝武定年间，实梁武第二主简文帝末年也"。北齐天保年间（550~559 年）时齐魏争战。"南阳新野内史陆机兄法聪出尘纳戒"。经五台山云游至龙门山憩此，于雪松之下炼左拇指，禅诵法华经不计其数，指忽重生。嘉名声动朝野。文宣帝随传敕修寺，并赐额曰法华。此后由陈而隋历至大唐，太宗统帅讨叛至此，忽见山中烟雾腾腾，疑必逃贼潜伏。欣投此地见一老僧端颜盘坐雪松之上。太宗问僧曰："师傅不在地下，而独坐树上却是为何？"老僧曰："地下没有我一寸土地，我怎敢在地？若万岁肯赐吾一股之地，我方敢离松下地。"太宗随答应愿许。遂命敬德督工建庙宇僧舍。以上记述虽近乎神话，不可考证，但作为考古研究，也还是具有一定的参考价值。

龙门寺初建时叫"法华寺"。后唐时有50余间殿宇，宋时增至百余间。宋太祖赵匡胤赐寺额为"龙门惠日院"。因龙门山形如龙首，于北宋乾德年间更名为"龙门寺"，寺内僧侣已增至300多人。然而到元末时铁马金戈的硝尘让龙门寺凝成人去庙空的苍凉。明清时虽小有兴盛，但终也挽不回昔日的繁华。

散斗和交叉斗
华头子
泥道慢栱
散斗和交叉斗
华栱
泥道栱
栌斗
柱和阑额

斗栱结构

西配殿（五代）

内檐令栱
散斗和交叉斗
华头子
泥道慢栱
散斗和交叉斗
华栱
泥道栱
栌斗
柱和阑额

斗栱结构

这就是龙门寺中现存资格最老的建筑——西配殿。虽然规模不大，也不是寺院里的主要建筑，但一千多年的阅历足可以让她成为这里的元老，使人感觉周围的建筑反倒成了陪衬，很有些喧宾夺主的意思。

西配殿是山西保存下来的三座五代时期木构建筑之一，承袭晚唐建筑风格，显现宋代建筑雏形。它建于后唐同光三年，也就是 925 年。这一年是唐朝结束进入五代后的第十八年，主持营造者和匠师们仍然是唐人。因此，建造的规格和手法基本遵循了唐代的风格。屋顶平缓、结构简约，唐建遗风仍存。但不拘一格的山西匠人又梳理记忆，龙门寺的建筑告诉我们历史尽管已经朱颜尽改，但唯有建筑可以让它回归梦境。六个朝代的建筑，像一道道打开的路径，让我们看到历史短暂的喧嚣，之后是长久的平静。是的，抬头看天，倘若没有天光的明暗转换，几乎难以觉察时间的无声流逝。我看到一支古建筑队中一些人正在小心翼翼地擦洗寺庙墙上的尘土，另一些人则手拉古老的风箱烧制铁钉。六个朝代的建筑，作为历史前行中的一个不可或缺的见证，这既是一代代众生修行之地，同时也是一个在储存积聚、蓄势等待中酝酿生命轮回和渴求新生命萌发的地方。

斗栱

驼峰

蜀柱

正殿（北宋）

内檐耍头
内檐令栱
散斗和交叉斗
华头子
泥道慢栱
散斗和交叉斗
华栱
泥道栱
栌斗
柱和阑额

正殿重建于北宋绍圣五年（1098年），广深各三间，正脊琉璃鸱吻形制古朴，色泽醇纯，应该是元代修葺时原物。

斗栱结构

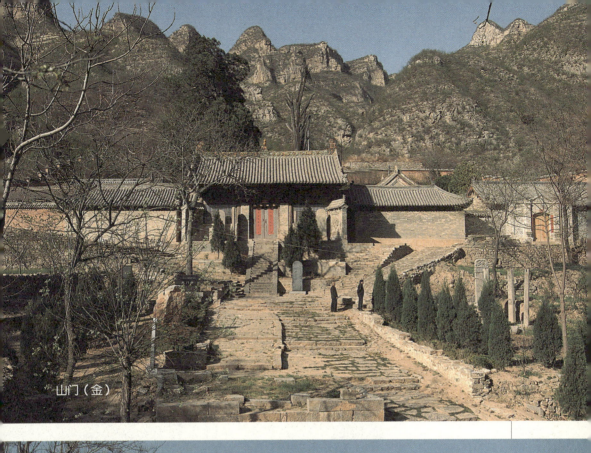

山门（金）

后殿（元）

50

内檐耍头
内檐令栱
散斗和交叉斗
华头子
泥道慢栱
散斗和交叉斗
华栱
泥道栱
栌斗
柱和阑额　　柱头枋

斗栱结构

东配殿（明）

东配殿鸱吻

西配殿鸱吻

龙门寺以其优越的环境风貌，独特的自然景观，久远的历史记载，集五代、宋、金、元、明、清六朝建筑于一寺而著称于世，为全国仅有。它们可以说是一部历史的教科书。在这些不同朝代的建筑里凝聚了无数祖先辛勤的劳动和无穷的智慧，并沉淀了人类世代相传的文明薪火。

**鸱**吻，又叫鸱尾，是中国古代建筑正脊两端相对竖立的装饰物。最早的文字记载是唐人苏鹗的《苏氏演义》："蚩，海兽也。汉武作柏梁殿，有上疏者云：蚩尾，水之精，能避火灾，可置之殿堂。"汉武帝时建的大殿有蚩尾，但安放在什么地方，没说清，也没有实物佐证，不好肯定地说此蚩尾就是彼鸱尾。

**鸱**尾的确切记载是梁沈约的《宋书》（这个"宋"是南朝时期的宋）："晋孝武帝太元十六年（391年）正月，鹊巢太极东头鸱尾。"东晋的时候，那只把巢架在鸱尾上的鸟，帮人们解决了鸱尾的位置问题。

内檐耍头
内檐令栱
散斗和交叉斗
华头子
泥道慢栱
散斗和交叉斗
华栱
泥道栱
栌斗　　　散斗和齐心斗
柱和阑额　　柱头枋

斗栱结构

昭陵鸱尾

山门鸱吻

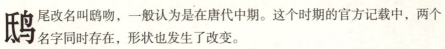

**鸱**尾改名叫鸱吻，一般认为是在唐代中期。这个时期的官方记载中，两个名字同时存在，形状也发生了改变。

**鸱**吻的最早实物，是在西安唐太宗昭陵遗址上发现鸱吻。唐太宗死于贞观二十三年（649年），那时的鸱尾还是鱼尾巴的形状。到了唐开元初年（713年），乐山大佛开凿时，摩崖壁上鸱尾的形象已经发生变化。在鱼尾的前方，出现了一个张着嘴巴倾吞正脊的兽头。

**宋**金以后的鸱吻，渐渐从鱼尾的形成中蜕变出来，成为龙族中的一员。

# 矗突危峰金灯寺

创建年代：北齐天保年间（550~559 年）
现存架构：明弘治十七年（1504 年）
地理位置：平顺县杏城镇背泉村

内檐耍头
内檐令棋
散斗和交叉斗
华头子
泥道慢棋
散斗和交叉斗
华棋
泥道棋　　　内檐罗汉枋
栌斗　　　　散斗和齐心
柱和阑额　　斗柱头枋

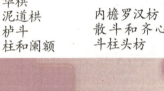

斗棋结构

在山西与河南交界的林滤山中，百丈悬崖的山腰间，有一座庙宇在迷漫的山雾中时隐时现，它是自古就有"中州之蓬莱，晋豫之奇观，仙境宝地"之美称的金灯寺。明代文人申锐在《梵宇神登》诗中云："矗突危峰倚碧空，何年肇建梵王宫。时辟宝地鸣清磬，日见秀云绕翠松。灿烂金灯光佛座，玄微石洞显神功。"

内檐耍头
内檐令棋
散斗和交叉斗
华头子
泥道慢棋
散斗和交叉斗
华棋　　　　　下昂
泥道棋　　　　内檐罗汉枋
栌斗　　　　　散斗和齐心斗
柱和阑额　　　柱头枋

**斗棋结构**

金灯寺是长治平顺县建在悬崖上的一座寺庙。始建于北齐，由高僧净真禅师初创，寺内有三尊 3 米高的石雕佛像，窟内有方形藻井，四壁上雕有佛国众神。在一片山水氤氲灵气中，金灯寺是中国石窟艺术即将谢幕之际的一件经典作品，永久地定格在了明代的弘治年间。

内檐耍头
内檐令栱
散斗和交叉斗
华头子
泥道慢栱
散斗和交叉斗　　骑昂交叉斗
华栱　　　　　　下昂
泥道栱　　　　　内檐罗汉枋
栌斗　　　　　　散斗和齐心斗
柱和阑额　　　　柱头枋

斗栱结构

北齐天保年创建时，寺名为"宝岩"，到元代泰定年间改称金灯寺《平顺县志》（康熙版）。当时有个芊禅法师在此修行，他惊奇地发现每到夜晚就有两盏金灯由东而西飘入寺内，寺顿时金光满照，所以便把宝岩寺改名为金灯寺。现在寺东面的一个山头叫"起灯山"，寺西不远处的山头叫"落灯山"。

金灯寺建筑群，现存殿堂多具明清时期的建筑风格。由于北依陡崖，南临深谷，为山势所限，建成由东而西七进院落，各院均有殿堂，自成一体，主要建筑有山门、钟鼓楼、大佛殿、关帝殿、聚仙楼、地藏阁等，历代屡遭兵变之毁，现存殿宇 30 余间。由于该寺院地处僻壤，交通不便，并受当时生产力发展水平限制，建筑比较简陋，甚至可以说是粗糙。它的建筑材料多就地采掘，安装也不十分规范，同那些雕梁画栋、巧夺天工的建筑相比，它更显几分古老与凝重。金灯寺建筑突出了石窟的开凿，现存大小 16 个洞窟，依山开凿，多为南向，明嘉靖、万历年间开凿数量较多。窟之外沿就山崖凿作，建成的殿堂中心辟门，方形檐柱上横施额枋。金灯寺石窟被誉为中国石窟艺术的尾声。寺内殿堂石窟、摩崖造像、碑碣、石塔应有尽有，为国家级重点文物保护单位。其中以水陆殿石窟规模最大，保存也最完好。

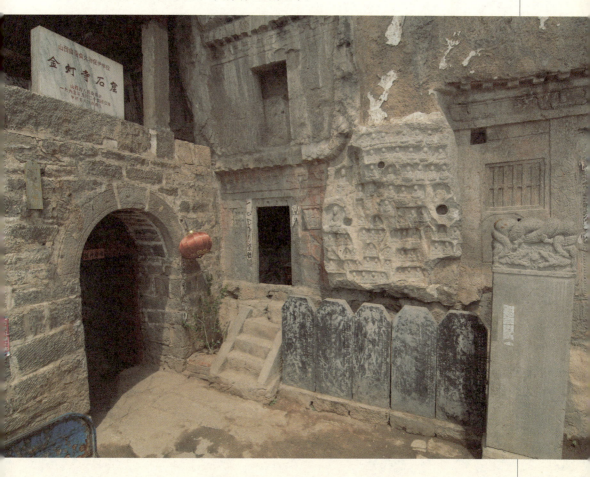

斗栱结构

内檐耍头
内檐令栱
散斗和交叉斗
华头子
泥道慢栱　　　　外檐令栱
散斗和交叉斗　　骑昂交叉斗
华栱　　　　　　下昂
泥道栱　　　　　内檐罗汉枋
栌斗　　　　　　散斗和齐心斗
柱和阑额　　　　柱头枋

水陆殿又称水罗殿，明弘治元年（1488 年）凿造，坐北向南，外檐雕凿方形檐柱，中辟长方形窟门。殿前立有几通石碑，因字迹风化，难以辨认。洞窟宽 10.2 米，深 9.2 米，内高 4.89 米，上置平顶天花，雕方形藻井，下为清澈的池水。池上凿有田字形石桥，连接左右壁、窟门及扇面墙前后约 50 厘米宽的台阶，我们可以沿着这座石桥到殿内各处参观。您看，正中间为高出水面约 60 厘米的长方形佛台，佛台中央有扇面墙，三尊高约 3 米的佛像结跏趺坐（盘腿打坐）于莲花宝座上，佛体匀称，神态慈祥，背面倒座三大士像，扇面墙后亦并坐三佛，由于布局灵活，使殿内佛像多而不乱。前槽为八角形金柱两根，柱身正面雕龙形图案，其他几面雕花卉。左右壁上部各有佛龛 9 个，内雕十八罗汉，造型各异，形神兼备。左、右、后三壁下部有 69 幅浮雕壁画，一改粗糙简陋之习，颇为美观齐整，刻画了一个个生动形象的佛教人物，讲述了一个个优美动听的佛教故事，好似一本精美的立体连环画。让我们静心浏览一番，感受一下佛教的博大精深。

内檐耍头
内檐令栱
散斗和交叉斗
华头子　　　　外檐耍头
泥道慢栱　　　外檐令栱
散斗和交叉斗　骑昂交叉斗
华栱　　　　　下昂
泥道栱　　　　内檐罗汉枋
栌斗　　　　　散斗和齐心斗
柱和阑额　　　柱头枋

斗栱结构

在寺院西北约百米处可见历代高僧的塔林。这里的塔数量众多，排列有序，方形、圆形、实心、空心，应有尽有。最高的千佛塔建于明弘治十三年 (1500 年)，塔平面呈方形，基座下为拱券式空心塔室，南向辟石板门，塔身下部满布浮雕佛像近千尊，上部为六角形塔檐，檐部平缓，翼角微翘，造型优美。相传塔室内原保存有金灯寺创始人净真禅师的包骨塑像一尊，后毁于战乱。

内檐耍头
内檐令栱
散斗和交叉斗　外檐散斗
华头子　　　　外檐耍头
泥道慢栱　　　外檐令栱
散斗和交叉斗　骑昂交叉斗
华栱　　　　　下昂
泥道栱　　　　内檐罗汉枋
栌斗　　　　　散斗和齐心斗
柱和阑额　　　柱头枋

斗栱结构

**走**出水陆殿，殿外悬崖上如蜂窝般密布的各个时期的摩崖造像和小型石窟，上面雕刻有弥勒佛、一佛二菩萨、送子观音等，护佑着这方圣殿。

**摩**崖造像与石窟造像的区别在于：摩崖造像是指在崖壁上凿出一层浅浅的凹龛，在凿龛的同时即在龛心凿出佛像，以浮雕为主，也称开龛造像。石窟造像则是在山崖上凿出洞窟，再在洞窟内或塑或凿佛像。

**明**朝是我国石窟造像的尾声，记载了最后的辉煌。

在生殖的土地上，寺庙是人未来的希望。生活在寺庙里的僧人因了却情感碰触到了他们敏感的神经，他们把屋搭建在了山腰上，清冷的欲望中，一缕简单的炊烟减少了对世界的索取，对于日月的困苦，也认命地担当，视为一生最后的必然。我要承认，世上的烟尘熏烤着碌碌的我们，好在金灯寺让我们看到了人间的大美，让我们知道了，宗教的诞生，是由于人们的深重灾难没有止境，更与造化的神奇永远相连，我祈愿寺庙在提升山的高度时候提升世人精神的高度，让我们感念前人，感念所有的缘分。

堂前赏明月　祭坛话大禹

# 月台赋夏禹神祠

创建年代：元至元二年
现存架构：元至清
地理位置：平顺县阳高乡侯壁村

内檐耍头
内檐令栱　　　撩檐枋
散斗和交叉斗　外檐散斗
华头子　　　　外檐耍头
泥道慢栱　　　外檐令栱
散斗和交叉斗　骑昂交叉斗
华栱　　　　　下昂
泥道栱　　　　内檐罗汉枋
栌斗　　　　　散斗和齐心斗
柱和阑额　　　柱头枋

斗栱结构

世界上什么事情最难？开创一个新的历史时代最难。我国古代第一个王朝是夏，始祖是禹。

漳河如同扭转了一下时空，在平顺境内画出了另一个天地。日月经天，江河行地，四季的水流悄然地游动，上古神话顽固持久地给予了时间一个日月神授的暗喻。我国古代第一位打天下的是禹的儿子启，启建立了第一个奴隶制王朝——夏朝。

内檐耍头　　衬方头
内檐令栱　　撩檐枋
散斗和交叉斗　外檐散斗
华头子　　　外檐耍头
泥道慢栱　　外檐令栱
散斗和交叉斗　骑昂交叉斗
华栱　　　　下昂
泥道栱　　　内檐罗汉枋
栌斗　　　　散斗和齐心斗
柱和阑额　　柱头枋

斗栱结构

夏朝以前的天下都是禅让的。夏朝的始祖是禹，这个人有几点非常了不起。首先，禹是一个使命感很强的人。他的父亲鲧是一位负责治水的官员，九年没有完成任务，舜追究他的责任把他杀了。禹不记舜的杀父之仇，子承父业，立志治水。其次，他有强烈的使命感。一诺重如山，居外十三年，三过家门而不入，劳神焦思，薄衣简食。长期在水中浸泡腿毛都脱光了。第三，他敢于跳出老框框想问题，阻塞了的要疏导，才好一通百通，变水患为水利。从此，水退人进，百姓安居，耕牧生息，天下大定。

**禅**让是中国古代社会的一种民主制度。由于史前洪水泛滥，共同生活在黄淮流域的中原夏族集团和东部的夷族集团，在同洪水的长期斗争中结成了部落联盟。部落联盟由几位德高望重的"贤者"负责推举两大部落集团中的贤德功绩突出者担任联盟的最高首领。尧是夏族，舜是夷族，禹是夏族，下面又该轮换到夷族。不幸的是两位夷族的部落首领，一位先禹死亡，另一位禹先他而死亡，前后之死让禹的儿子启钻了空子。夏朝的"立国之战"，史称"甘之战"就是启发动的。历史前进到一定的机会中，启不打这一仗，就无法跨越从禅让制过渡到承袭制这道门槛。

**夏**禹属于神话之后的传说范畴。夏商周断代工程的《夏商周年表》正逐步再现这段历史，但史海钩沉，也许夏朝的大禹将永远留在传说的故事里。

内檐耍头　　　梁（橡栿）
内檐令栱　　　衬方头
散斗和交叉斗　撩檐枋
华头子　　　　外檐散斗
泥道慢栱　　　外檐耍头
散斗和交叉斗　外檐令栱
华栱　　　　　骑昂交叉斗
泥道栱　　　　下昂
栌斗　　　　　内檐罗汉枋
柱和阑额　　　散斗和齐心斗
　　　　　　　柱头枋

斗栱结构

**后**人都铭记着禹治水的大功大德，很少有人知道他同时也是一位军事家。他指挥过南征三苗的战争，指挥过夏族集团内部有扈氏的斗争。

**大**禹治水行遍九州山川，足迹多次履及上党地区。战国地理文献《禹贡》载禹为导水，曾经过"壶口、雷首，至于大岳；砥柱、析城，至于王屋。太行、恒山，至于碣石，入于海"。大岳即太岳山，上党境内有其余脉，析城、王屋二山在晋城市阳城县境内，太行山南段在上党境内。因此，上党地区至今流传着许多关于禹的动人传说和"禹迹"。

沿板路拾阶而上，身后的河流无翅地飞翔，身前的老祠堂坐东朝西目送着夕阳。一进院落，硕大的青石月台把小院填得满满当当。从院内两个石桌的题记上看，该祠创建于元至元二年（元代有两个至元年号，刻记无干支纪年，无法确定公元纪年）。正殿因为历代修葺，所以结构混杂，但部分木作和构架仍保留了元代的风格。

内檐耍头　　檐槫
内檐令栱　　梁（橡栿）
散斗和交叉斗　衬方头
华头子　　　撩檐枋
泥道慢栱　　外檐散斗
散斗和交叉斗　外檐耍头
华栱　　　　外檐令栱
泥道栱　　　骑昂交叉斗
栌斗　　　　下昂
柱和阑额　　内檐罗汉枋
　　　　　　散斗和齐心斗
　　　　　　柱头枋

斗栱结构

祭祀大禹的古祠庙，在上党地区也分布众多，《潞安府志》中多有记载：潞城县"禹王庙，旧在县南大禹山，今移城内。春秋二仲有司致祭"。屯留县"禹王庙，在北三十里浮山巅。一在南十五里李坊村"。长治县"大禹庙在东十里壶口山之西，宋咸平中重修"。壶关县"大禹庙在辛村，元延佑六年建"。平顺县"大禹庙三：一在侯壁，一在三池北，一在东禅南"。平顺县现存的还有北社乡北社村大禹庙、西青北村禹王庙；阳高乡奥治村禹王庙、廻源头村北大禹庙、侯壁村夏禹神祠、任家庄东北禹王庙等。

在平顺县阳高乡侯壁村东有座夏禹神祠孤傲地耸立在禹王垴上。沿着村寨中的石板路拾阶而上，身后的河流无翅地飞翔，身前的老祠堂坐东朝西目送着夕阳。一进院落，硕大的青石月台把小院填得满满当当。从院内两个石桌的题记上看，该祠创建于元至元二年(元代有两个至元年号，刻记无干支纪年，无法确定公元纪年)，正殿因为历代修葺，所以结构混杂，但大木作构架仍保留了元代的风格。

正殿三间，阶前元代的月台粗犷敦厚。形制为须弥座。须弥座又称"金刚座"，是一种上下出涩、中为束腰的石台。迨至唐、宋，上下涩加多，且有莲瓣之类为饰，束腰部分显著加高，并有束腰柱子（蜀柱）将之分割成若干段落，这类形制在宋代叫做"隔身版柱造"。

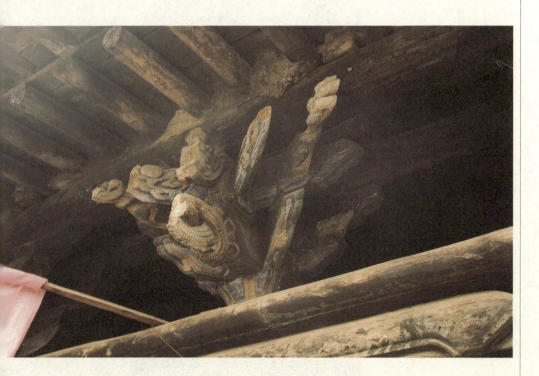

大禹，河流走向的领路人，对于传说中具体的个体而言，他是成功的标志，是能力的展现，至少告诉我们他是一个生动的人，杰出的人，为人民谋幸福的人。面对庙宇，千年对视，情愫相生，为人们留下了凭吊和思索的无限空间，也为人们留下了悲壮苍凉的挽歌。

内檐耍头 椽和飞檐
内檐令栱 檐檩
散斗和交叉斗 梁（橼栿）
华头子 衬方头
泥道慢栱 撩檐枋
散斗和交叉斗 外檐散斗
华栱 外檐耍头
泥道栱 外檐令栱
炉斗 骑昂交叉斗
柱和阑额 下昂
内檐罗汉枋
散斗和齐心斗
柱头枋

斗栱结构

曲径游乡里　殿堂品屋顶

# 金代遗构回龙寺

创建年代：不详
现存架构：金
地理位置：平顺县阳高乡侯壁村

　　**传**说中龙可把苍茫云海用身体劈开，盘桓云水能隐能显。显则有形，叱咤风雷，威猛狰狞；隐则无踪，秋风至而潜深渊，幽静神秘。每逢雨季，山雨骤来，山洪暴发，洪水裹挟草木泥沙奔流而下，势不可遏。旱季少雨，河流宁静蜿蜒，流水淙淙，清澈见底。甚而断流，河床显露，滔滔江流无影无踪。太行山也像龙一样，起伏绵延千里，谓之龙脉。时而突兀，怪石嶙峋，奇峰陡起，时而郁郁葱葱，凉风习习，莺歌蝶舞，秀丽迷人。我突然感觉所有的回龙寺都在河水回眸之处，肃容端坐，风姿绰约，好让龙行走此处时有一点性情收敛。

　　**平**顺县阳高乡侯壁村，小如手掌心里，居然有两个全国重点文物保护单位。断垣残壁的回龙寺现仅存大殿一座。花椒树间，院门基础遗址与田野里的农作物融为一色，一点也没有突兀的感觉。

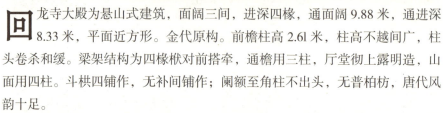

 龙寺大殿为悬山式建筑，面阔三间，进深四椽，通面阔 9.88 米，通进深 8.33 米，平面近方形。金代原构。前檐柱高 2.61 米，柱高不越间广，柱头卷杀和缓。梁架结构为四椽栿对前搭牵，通檐用三柱，厅堂彻上露明造，山面用四柱。斗栱四铺作，无补间铺作；阑额至角柱不出头，无普柏枋，唐代风韵十足。

**殿**内存清代工笔淡彩壁画 50 余平方米，内容可辨者有正面绘唐僧师徒西天取经内容。东山墙上自南至北依次绘有左手挂龙头拐右手执拂尘的老者，持国天王、托塔天王，两名手持拂尘的青年赶着驮书的马在赶路等。

大殿外檐铺作形制较为特殊，前檐柱头铺作均出蝉肚实拍华栱和蝉肚实拍泥道栱。昂身上皮近乎水平，下皮向上倾斜，为前部伸出呈下昂式，后尾呈楷头状压于搭牵之下，形成一种介乎真昂与假昂之间的罕见特例。

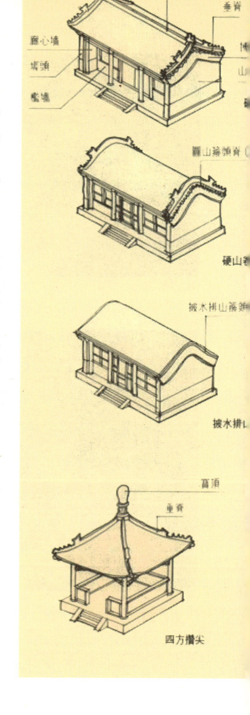

**回** 龙寺是座悬山式建筑。所谓"悬山式"是指屋顶的形制。屋顶的类别体现中国古建筑中最具代表意义的外形特征。

**悬** 山顶，宋朝时称"不厦两头造"，清代称"悬山"、"挑山"，又名"出山"，是民间常见的一种形式。特征是：两坡出水，一般由一条正脊和四条垂脊构成，但也有无正脊的卷棚悬山式。悬山顶建筑两侧屋顶悬伸外挑于山墙之外，故名悬山顶或挑山顶。

**硬** 山顶，在宋朝的《营造法式》中未见记载。特征与悬山顶相仿，但建筑两侧屋顶不悬伸到山墙之外，是悬山顶的改良形式，在庙宇形制中等级最低。

**歇** 山顶，宋朝时称"九脊殿、曹殿或厦两头造"，清朝改今称谓，又名九脊顶。特征是：一条正脊、四条垂脊和四条戗（qiāng）脊。由于其正脊两端到屋檐处中间折断了一次，分为垂脊和戗脊，好像"歇"了一歇，故名歇山顶。属于次高级建筑，犹如蟒袍红顶，普通人家穿不得。

**庑** 殿顶，宋朝时称"庑殿"或"四阿顶"，清朝称"庑殿"或"五脊殿"。特征是：四坡出水，一条正脊和四条垂脊组成，因此又称五脊殿。由于屋顶有四面斜坡，故又称四阿顶，是各屋顶样式中等级最高的，高于歇山式，只有皇家或大型殿堂才可以使用。

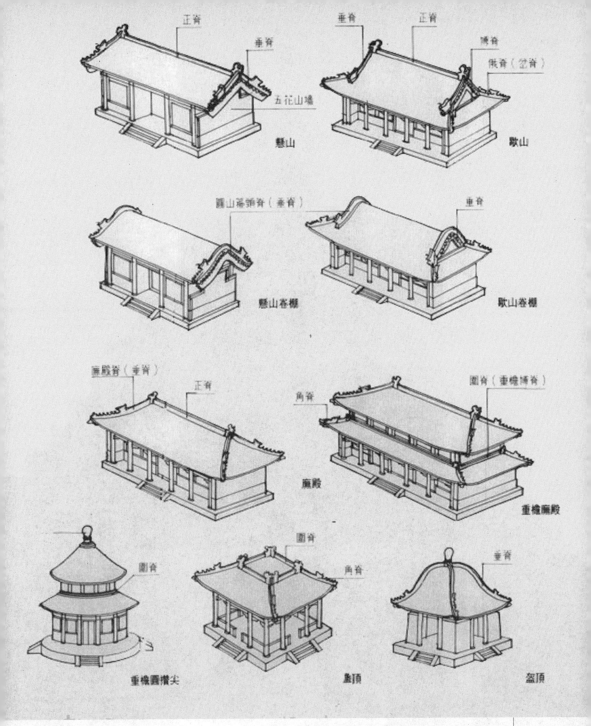

引自《中国建筑形制与装饰》

闹市矗经幢　飞檐标瓦当

# 大隐于市淳化寺

创建年代：不详
现存架构：金
地理位置：平顺县阳高乡阳高村

**背**景下，一群在社会中扮演了多重角色的乡间人，一辈子走来，身心自然都累了，在墙根下，回到本我中，静静呆一个下午，相当于在城市里喝下午茶。人和人千差万别，马克思放松自己的办法是读书；丘吉尔放松时织毛衣；毛泽东是写诗词练书法；这些乡间的人，他们不清楚他们的幸福是背靠了庙宇。千百年活着的都死去了，独它还有气息，沐浴过北齐明月下匠人的喧嚣，辽金丽日的浩荡紫气，文化、艺术、道德、技术的流向和气度。我们从它身上依然能寻找到昔日繁华的痕迹。

**淳**化寺，据民国版《平顺县志》记载："淳化寺在阳高村西唐开元年间建。"初名龙门禅院，既龙门寺下院。北宋开宝年间（969~976年）因寺院侵塌而重建，北宋淳化二年（991年）改今名。现寺院已毁，全貌不得而知，仅存正殿一座，为金代遗构。

**瓦** 当指筒瓦顶端，垂直与筒瓦的那个圆形或半圆形挡片，是古代殿堂的时代标识，是古代建筑的文化精灵。

**古** 寺院都是砖木结构房屋，用瓦作屋顶，瓦当原始功能是保护房屋檐头，使其免受风雨侵蚀。东汉以后，随着建筑艺术水平的不断提高，瓦当已不像战国秦汉时期直接扣挡于椽头而又有保护椽子的实用功能有关。瓦当被椽子上横置的檩条架高而脱离椽子,实用功能的丧失是导致瓦当蜕变时代的标识。最初是在西周中晚期，有个聪明人，为了美观，在半圆形的陶泥遮挡上刻了些绳纹；战国时期出现了栩栩如生的动物浮雕模印瓦当；秦人的云纹瓦当抽象、规范，贯彻了统治者求仙思想；西汉的瓦当是一部书法大全。到了东汉，佛教把莲花饰上瓦当；唐及五代时期，庙宇的建筑物上，莲花纹饰已经成为瓦当上的常见纹饰。

**宋**元之际，瓦当纹饰中兽面纹饰曾占主导地位。明清时期，宫殿和庙堂建筑上，开始使用蟠龙纹饰的瓦当。

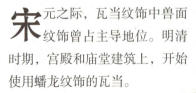

**殿**前有宋代石经幢两通，高3米余，幢身1.8米，平面八角形，楷书阴刻"尊胜陀罗尼经"、"金刚般若波罗密经"。刻于北宋开宝三年（970年）。

**天**地一色，万物一色，俨然着一副凝重的表情。飞翔在四野苍茫的情形中，它像落入凡间一只鹰的剪影，岁月不动声色凋零着过往，它也落寞无助地凋零着自己。

疑山穷水复　遇走投无路

# 布衣褴褛佛头寺

创建年代：不详
现存架构：宋
地理位置：平顺县阳高乡车当村

屋檐下牛羊永远悠然着一种姿态，青草一直轮回着一年的节气。一只公鸡偶尔的闲鸣两声，声气短促，似有对从前热闹景象的追忆。极少有车马敲响纵横交错的乡路和寂然枯荣的岁月了，它藏着，默默地擎举着天空的日月，静静地对峙四季雨雪。

**地**图上没有"佛爷垴"这个地名。佛头寺因背靠"佛爷垴"而得名。浊漳河东岸的平顺县阳高乡车当村有座古寺庙,创建年代、历代修葺情况不详。脚步是最功利的行为,带着你寻找你的欲望。当地上了年岁的人讲,记忆中有两进院。记忆是孤单的身影,现仅存宋代佛殿一座,坐北朝南,面阔三间,进深四椽。单檐歇山顶,筒板瓦屋面,琉璃脊饰,斗栱五铺作双下昂,梁架结构为三椽栿对后搭牵通檐用三柱。柱侧角、升起显著。外檐斗栱、内部梁架较完整地保存了宋式做法。宋,一眨眼功夫,天旷地阔。

在饯脊前端的最前面，不是明清建筑常见的骑鹤仙人，而是以英雄气短著名的"四大短人"。人之短处，寓意气量狭小之人。后人把他们放到了"走投无路"的位置。

第一短人公孙子都。这件事情在《左传·隐公十一年》里有记载。那年夏天的五月里，郑庄公在宫前检阅部队，发派兵车。一位老将军颍叔考和一位青年将军公孙子都，为了争夺兵车吵了起来。颍叔考是一员勇将，他不服老，拉起兵车转身就跑；公孙子都向来瞧不起人，当然不肯相让，拔起长戟飞奔追去。等他追上大路，颍叔考早已不见人影了。公孙子都因此怀恨在心。到了秋天，七月间，郑庄公正式下令攻打许国。郑军逼近许国都城，攻城的时候，颍叔考奋勇当先，爬上了城头。公孙子都眼看颍叔考就要立下大功，心里更加忌妒起来，便抽出箭来对准颍叔考就是一箭，只见这位勇敢的老将军一个跟斗摔了下来。

第二短人战国时魏人庞涓。中国有一部军事理论宝典叫《孙子兵法》，作者是孙子。孙膑是孙子过世百年后，又出的一个军事理论天才。孙膑是孙子的后世子孙。孙膑也著有一部兵法是《孙膑兵法》。孙膑与庞涓是同学。毕业后，庞涓到魏国工作，得到魏惠王赏识，提拔他为将军。自认为个人才能跟孙膑相比不及也。故意派人请孙膑到魏国，说要向魏惠王推荐孙膑。孙膑正在家待业，又是老同学请他，因此没有防范心理，高高兴兴地到魏国。孙膑到了魏国后，庞涓嫉贤妒能，害怕孙膑在魏国受到重用，终于露出豺狼面目，故意找岔子，诬陷孙膑犯法。设计将孙膑剕刑及黥面（就是用尖刀剜剔下两个膝盖骨并在脸上用黑墨刺字）。

**第**三短人是三国时的周瑜。风流倜傥的周瑜是东吴抗曹的台柱子，群英会戏耍蒋干，诈降计怒打黄盖，借东风火烧曹军。悔不该与诸葛亮斗智，战曹仁丢了南郡，拉郎配"赔了夫人"，"假涂灭虢"欲取荆州，只可惜生不逢时，三十六岁留下千古绝叹："既生瑜，何生亮！"

**第**四短人是隋唐时期的罗成。说书人唱：见罗成把我牙咬坏，大骂无耻小奴才！曾记得踏坏瓦岗寨，曾记得一家大小洛阳来。我为你造下了三贤府，我为你花费许多财。忘恩负义投唐寨，花言巧语哄谁来？雄信一死名还在，奴才呀！奴才！怕的尔乱箭攒身尸无处葬埋！

**一**语成谶。

**人**心之"短"不可以没有理性，时间的背后都有缘起，看看这四个灰陶小人儿，站在非人道的挑角上，世人要你走投无路，你想走，结果必然是粉身碎骨。智慧的民间。

96

古井涌清泉　砖木雕飞檐

# 三池南里大禹庙

创建年代：不详
现存架构：元、明、清
地理位置：平顺县北社乡北社村

**里**，曾经是个面积单位，而不是长度单位。周制："王及诸侯国都郊内置乡，民众聚居之处曰里。"秦汉以来各代统治者都要设立"里"这个基层管理概念。北魏以前，"里"只是个户口编制单位，当时政府税收按农户耕种的田地亩数收取，没有必要知道它的具体方位。北魏太和九年（485年）开始实施均田制，田地必有明确的划分，并直接落实到地域上，"里"有了实土。

**村**，民间居住地的称谓，最早出现在三国时期。"里"虽然作为朝廷的制度行用了两千多年，在农村最终却没有成为普遍使用的聚落名称，今天几乎找不到"里名"沿用至今的例子，而"村名"延用几千年的例子不计其数。自"村"出现，它在官方制度中的地位起伏不定。三国至唐初，"村"一直未入官方的正式制度，到了唐代中期，"村"才成为制度中的一部分，在田野者，"里正"之外设有"村正"。唐以后以"村"为代表的自然聚落是历代基层制度的基础，但绝大多数时期朝廷都是在其上另起炉灶，建立名目各异的制度，如宋代先后设乡、里、管、保甲；金代的乡、里；元代的乡都、社；明代的乡、都、图（里）等；清代的里甲、保甲等。

三池南里，平顺山区的一块特殊地域，不仅因为名字中有"里"，更因为它存留着大量的元代古代建筑。三池南里包括现在的北社乡北社、南社、西社、河东等自然村落。从前归潞城县，明嘉靖八年（1529年）平顺建县，从潞城划来十六里，三池南里划在其中。

北社是个老村，2007年6月北社村人盖新屋，不小心挖出一座唐代古墓。墓志铭上记载，墓主人名叫秦举，字莫彦，死于唐乾封元年（666年）。此人曾经在云烟四起的日月中怎样风光已化为草露。

北社村有口井，据说是在大禹时代挖掘的，故得名"大禹泉"。井前有座庙是大禹庙。站在井前，地气吹拂，衣襟如鼓。大禹一路走来，靠着好听的声名继续着艰辛的日子。

自古以来，杰出人才都是生长在深厚的文化土壤里的，贫瘠土层中长不出参天大树。人才之苗只有扎下根来，才能吸收到丰富的养分，岁月在风雨中成长，对大禹的怀念长成了林子。

**山** 门倒坐古戏台，雕梁画栋。整个院落砖雕木雕挤个满满当当。

**大** 禹庙的木雕砖雕集民俗民艺于一体，即有道儒佛的仙气，又有民间匠人的俗气；既有文人墨客的雅气，又有明清繁缛的酸气。

**中** 国的木雕艺术，无论在时间跨度上还是从精美程度上讲，都举世无双。中国有句俗语，叫"朽木不可雕也"，源自《论语·公冶长》，是孔老夫子以木雕工艺喻事诲人的经典故事。由此可见，当时木雕装饰已经相当普及。

最早可见的木雕实物，是河南安阳出土的商代宫室陵墓内发现的棺椁雕刻，构图奇妙，布局朴拙。用于建筑的木雕，在东汉王延寿的《鲁灵光殿赋》上这样讲："……有胡人之像刻于楣间……"魏晋时期，佛教兴盛。木雕艺术吸取了印度、西域的诸多养分，建筑木雕的装饰部位和题材范围大大拓展。据南北朝时期《洛阳伽蓝记》记载，北魏所建的永宁寺，"僧房楼观一千余间，雕樑粉壁，青璅绮疏……"。在东晋王嘉《拾遗记》里，"石虎于太极殿前起楼，高四十丈……屋柱皆隐起龙凤百兽之形，雕斫众室，以饰楹柱"。到了隋唐五代，木雕装饰走向简约，柱梁很少雕刻。宋代朝风乖巧绚丽，建筑细部装饰体现出华丽与阴柔。辽金元的铁马金戈在木雕上没什么建树。明清两代木雕艺术走向辉煌，不但题材图案丰富，雕刻技术娴熟，装饰部分广泛，而且形成不同风格的流派，走出宫廷庙宇，进入富商民宅。

**砖**雕历史可以追溯到新石器时代晚期的龙山文化，在那些出土的陶器上用极富韵律的饰纹。河北易县出土的战国时期的抵角兽纹砖和陶虎头形水管是早期建筑砖雕的精品。

**秦**砖汉瓦时代，出现了另一砖雕类型。画像砖，以中国传统山水的散点投视手法，强调平面效果，有强烈的艺术感染力。

**南**北朝时，建筑砖雕应用普遍，各类仿石、仿木结构制品开始出现。

**隋**唐时期，仿木砖雕斗拱，模制花砖，批量应用于砖塔。屋脊上也出现了砖雕的踪影。

**在**宋朝的墓葬建筑里，精美的仿木砖雕比比皆是，几乎用砖构建了一个仿真的艺术世界。

**元**代的砖雕作品，已经不满足于简单烧制，而是在烧制的胚胎上，再次用心雕凿。

**明**清两代，砖雕遍布市井，是集历代砖雕艺术之大成的辉煌时期。

**庙**门前照壁上的砖雕隐约可见过去的岁月，过去正被各种动机抹杀和覆盖，遥远的距离之外是模糊，模糊到贴近，权当是朦胧美吧。

临风戏台古　傲雪木不朽

# 射日羿神三崚庙

创建年代：不详
现存架构：元、清
地理位置：平顺县北社乡北社村

三北崚庙敬奉的是羿神。

社的三崚庙，披了一件清代的袍子。骨头的梁架明显有元的痕迹。宗教可以把人的心从崩溃的边缘拉回到它的身边来，当边缘模糊不清时，历史上任何一个传说中被神话的人都可能成为敬奉的灵验。

**尧**帝之时，十日并出，草木尽焦，尧于是派羿上射九日，万民皆喜。《古今图书集成·职方典》云："三峻山……在（屯留）县西北三十五里，三峰高峻，为县伟观。相传羿射九乌之所。"羿神在晋东南很有影响，各地都建有不少三峻庙。民间还流传一个更生动的故事：羿本名张三峻，担着砂锅被太阳晒化了的石浆滑了一跤，大为生气，于是用桑木扁担为弓，将天上十二个太阳射下十个，还有一个射偏了，变成暗淡的月亮。

**据**《古今图书集成·职方典》记载："三峻山，一名灵山，一名麟山，在（屯留）县西北三十五里，三峰高峻，为县伟观。相传羿射九乌之所。"古来民俗认为"三峻山之神"能致雨司雹，祷祀灵验，故长治及紧邻的山东、河南地区多立有祭祀羿神的祠庙。长治市现存主要的祠庙有城区邱村护国灵贶王庙、北石槽三峻庙；长治县司马乡辛庄三峻庙、郝家庄乡安城村三峻庙、北呈乡北张村三峻庙；壶关县黄家川乡南羊护村三峻庙；长子县宋村乡王郭村三峻庙、常张乡大中汉村三峻庙、南郭村乡崇仁村三峻庙、色头镇琚村护国灵贶王庙、大堡头乡两水村三峻庙、张店乡瓦张村三峻庙；平顺县西沟乡流泉沟村三峻庙、北社乡北社村三峻庙等。

**羿**已被敕封为"灵贶（音 kuàng）王"，是北宋徽宗崇宁年间（1102~1106 年）的事。依史书记载，徽宗说自己是玉皇大帝的长子，在天原是"大霄帝君"，又称"长生大帝"，受老子之托倡兴道教，才"哀恳上帝，愿为人主"，降生人间。于是自封"教主道君皇帝"，令天下州县遍建"神霄玉清万寿宫"，将自己长生大帝的神位与道家诸神同列其中。京城的万寿宫，更是其亲树的祭祀样板。以至亲书手诏，将京城万寿宫"碑本"传于各地，皆令"摹勒立石"，"以严奉祀"。至于具体礼乐规制，见徽宗又亲订新规，不但用于宫廷，用于群臣为其庆寿，且"与天下共之"，使各地祀神皆用其"上寿仪"，违者"论罪"。为了推动赐神活动，又对天下"神灵有应"者乱赐庙号，加以封号。仅上党一地，就封有灵应王、灵显王、灵贶王、昭泽王等。

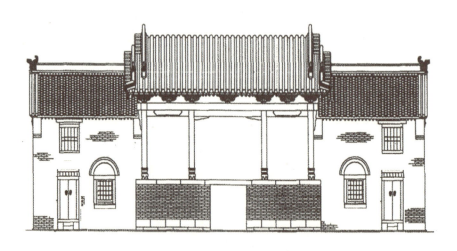

人有时候可以成为寺庙的宗教，你看旧庙的脸上那盼望救赎的眼神，让你能听见时间每一秒的滴答。可得而不可常得，可有而难以常有。它坐着的势力是人给的，隐忍于人是一种度量。对于寺庙来讲，人可以荒凉了它的容貌，却无法约略它的势场。

**在**平顺，除佛教寺院外，本土的民间宗教庙宇里大都有戏楼。

**流**域作为一个相对独立的地理单元，往往促成区域内的文化认同。"我住长江头，君住长江尾"，地缘产生亲缘，便有"共饮一江水"的观念。密如蛛网的浊漳河水系，无疑是上党盆地文化共同体形成的重要原因之一。整个流域内，交通便捷，生活方式相同，人民分享共同的语言、信仰和文化。戏剧就是这样一种区域共同文化的产物。

**古**戏楼几乎可以演绎出一部中华文化的发展史。古代唱戏是源于祭祀神灵，那么戏楼自然就和庙宇沾亲带故。一般的戏台与庙宇同处一个寺院，山门、戏台、过殿和主殿在一条中轴线上纵向排开，一板一眼错落有致，到了明清时代，干脆把戏楼和山门建成了一体，称山门倒坐戏楼。因为是给神献戏，所以戏台都坐南朝北，台口恭而敬之地面向神殿，表示对神的敬仰，以求它降福人间。

**山**西的戏曲多，戏台自然也就多，离开了戏台就唱不成戏，戏台上唱念做打，写意传神；戏台下触景生情，褒贬善恶，说到底，自古以来这戏台就是百姓们离不了忘不掉的一座精神家园。

| 古建名称 | 宗教 | 始建年代 | 酬神戏楼 |
|---|---|---|---|
| 天台庵 | 佛教 | 晚唐 | 无 |
| 大云院 | 佛教 | 五代 | 无 |
| 九天圣母庙 | 道教 | 北宋 | 有 |
| 龙门寺 | 佛教 | 北齐 | 无 |
| 金灯寺 | 道教 | 北齐 | 有 |
| 夏禹神祠 | 民间宗教 | 元 | 有 |
| 回龙寺 | 佛教 | 金 | 无 |
| 三峻庙 | 民间宗教 | 元 | 有 |
| 玉皇庙 | 道教 | 元 | 有 |
| 关岳庙 | 道教 | 明 | 有 |
| 奶奶庙 | 民间宗教 | 元 | 有 |
| 龙王庙 | 道教 | 元 | 有 |
| 唐王庙 | 民间宗教 | 元 | 有 |

抵抗遗忘的最好途径就是留在那里，留在人眼中，
读尽人世沧桑。

道观看流云　宋帝封星宿

# 天宫布道玉皇庙

创建年代：不详
现存架构：元至清
地理位置：平顺县北社乡南社村

南社村的玉皇庙供奉着二十八星宿，与其他地区的壁画不同，完全是云台二十八将的模样。不是女相，也没有与动物首脑结合。壁画在细微处向世界展示的是东方式的思考，似乎只有男性才可能让岁月无敌。

远古的夜空，聚集着和今天一样多的星星，只是比现在要明亮的多。人类凭着一双肉眼，用了很久才把杂乱无章的星空理出了头绪，渐渐发现众星分成固定的星群悬挂在空中，某个星群在固定的时间准时出现在固定的方位。于是产生了星宿，星座和星区。埃及人根据它把耕作年度分为三季，玛雅人按它的指引烧荒种地，巴比仑人用它预言未来，中国人用它编制历法以取悦皇帝。

最早记载二十八星宿全部名称的是战国末期《吕氏春秋》。

现存最早的二十八星宿图来自战国时一个王侯的衣柜，曾侯乙墓的挖掘用实物证明公元前5世纪的中国星宿体系已经建立。宋代拟人化命名，元代据此编制授时历。

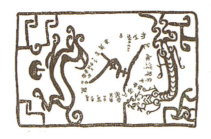

二十八宿从角宿开始，自西向东排列，与日、月视运动的方向相同：

东方称青龙：

角木蛟　亢金龙　氐土貉　房日兔　心月狐
尾火虎　箕水豹

南方称朱雀：

井木犴　鬼金羊　柳土獐　星日马　张月鹿
翼火蛇　轸水蚓

西方称白虎：

奎木狼　娄金狗　胃土雉　昴日鸡　毕月乌
觜火猴　参水猿

北方称玄武：

斗木獬　牛金牛　女土蝠　虚日鼠　危月燕
室火猪　壁水貐

东汉明帝永平三年(60年)，汉明帝刘庄在南宫云台阁命人把光武帝时期的开国元勋——画像，史称"云台二十八将"，宣称二十八星宿下凡。

# 云台二十八将与二十八星宿对照表

| 官爵 | 姓名 | 星宿 | 兵器 | 官爵 | 姓名 | 星宿 | 兵器 |
|---|---|---|---|---|---|---|---|
| 大傅高密侯 | 邓禹 | 角木蛟 |  | 大司马广平侯 | 吴汉 | 亢金龙 |  |
| 左将军胶东侯 | 贾复 | 氐土貉 |  | 建威大将军好畤侯 | 耿弇 | 房日兔 | 戟 |
| 执金吾雍奴侯 | 寇恂 | 心月狐 | 枪 | 征南大将军舞阳侯 | 岑彭 | 尾火虎 | 刀 |
| 征西大将军夏阳侯 | 冯异 | 箕水豹 |  | 建义大将军鬲侯 | 朱祐 | 斗木豸 | 枪 |
| 征房将军颍阳侯 | 祭遵 | 斗金牛 |  | 骠骑大将军栎阳侯 | 景丹 | 女土蝠 |  |
| 虎牙大将军安平侯 | 盖延 | 虚日鼠 | 斧 | 卫尉安成侯 | 姚期 | 井木犴 | 戟 |
| 东郡太守东光侯 | 耿纯 | 室火猪 | 刀 | 捕虏将军扬虚侯 | 马武 | 奎木狼 | 戟 |
| 中山太守全椒侯 | 马成 | 胃土雉 | 斧 | 河南尹阜成侯 | 王梁 | 昂日鸡 | 枪 |
| 琅邪太守祝阿侯 | 陈俊 | 毕月乌 | 刀 | 骠骑大将军参蘧侯 | 杜茂 | 参水猿 |  |
| 积弩将军昆阳侯 | 傅俊 | 觜火猴 |  | 左曹合肥侯 | 坚镡 | 危月燕 | 刀 |
| 上谷太守淮阳侯 | 王霸 | 鬼金羊 | 枪 | 信都太守阿陵侯 | 任光 | 柳土獐 | 刀 |
| 豫章太守中水侯 | 李忠 | 星日马 | 箭 | 右将军槐里侯 | 万修 | 张月鹿 | 鞭 |
| 太常灵寿侯 | 邳彤 | 翼火蛇 | 戟 | 骠骑将军昌成侯 | 刘植 | 轸水蚓 |  |
| 城门校尉朗陵侯 | 臧宫 | 壁水貐 | 戟、鞭 | 骠骑将军慎侯 | 刘隆 | 娄金狗 | 剑 |

**南**社玉皇庙被抛弃在村西的荒野。清代的献殿倔强地张扬着它的斑斓色彩。

明代重修碑记嵌在墙里，玉皇的神位在"破四旧"时，被清理出门户，两边的二十八星宿面对曾经虔诚的香客一筹莫展。只有村里的老人偶然来续续香火，在雕梁上毕竟还萦绕着童年。

静者忘声色　动观石柱础

# 民风不古牛王楼

创建年代：不详

现存架构：元至清

地理位置：平顺县北社乡东禅村

下四广山

地俯首为孺子，上天奋蹄侍老君。

川成都有座牛王庙，清康熙年间建，原有一尊大铁牛，后化入了尘世。

西凌云有个牛王节，是瑶族兄弟斗牛的节日。

西平顺有座牛王楼，关于它的由来没有文字记载可考证。一般来说，牛王庙应该算是道教的庙宇，该是供奉着牛王、五道、土地三位神仙（民间也称三圣），牛王居中，五道在左，土地在右。三圣下边是牛王爷的两位助手，左边是专司牛马等牲畜疾病的专职兽医赵医生、右边是专司放牛、训牛的牧童小张。东禅村的牛王楼里没有泥塑，没有碑刻，甚至没有院墙。那么，孤独的牛王楼究竟隐藏着怎样的传说？

**走牛** 过"遥知静者忘声色，满月清风未觉贫"的古村落，一路访来，问及为什么叫牛王楼，村民大多摇头。

王楼有些年头，高台石阶，飞檐高挑。明代以前建筑无疑。柱头施普柏枋，厚度近似阑额厚度，在角柱处出头。阑额出头处，没有明代常见的霸王拳装饰，而是一条简单的曲线。

**十柱** 根一样的木檐柱下，却有两类不同年代的柱础。

础，就是安放在柱子下面的那块基石。在传统砖木结构建筑中，它承载着梁架的全部重量，力挺起飞檐斗栱，负荷着华饰瓦兽。

**最**早的先民离开洞穴，择水而居。搭建窝棚的木柱是直接埋于地下的，为了防止木柱的移动和下沉，便在柱脚的部位用碎骨渣和石片夯实垫底【半坡遗址（公元前 4800 ~ 前 4300 年）】。到了西周时期，房子越盖越大，坑也越挖越深。按柱子的部位挖坑，一层素土，一层石砾地夯实，形成了最初的"磉"。"础面一般是中间底，四面高，略呈圆凹形，以纳柱子"[①]（召陈遗址）。后来发现埋在地下的木柱容易受潮腐烂，把石块提升至地面。在木柱底部承受重量的部分叫"础"，而在础与木柱之间常有阻断湿气的"踬"。

**河**南安阳殷墟出土的柱础，可能是现今所能目睹的最早实例。"宫殿柱础，多数是石础，直径约 10~30 厘米，厚约 10 厘米的天然砾石块。也有的用铜础，直径约 15 厘米，厚约 3 厘米，上面平滑稍凸，下面中央微凹，很易放平。铜础的下面又垫有天然大卵石作为基础。一座规模较大的宫殿，就有 3 行 30 个柱础，其中铜础有 10 个。"这里所说的铜础，应该是"踬"。据《战国策·赵策一》记载："……公宫之室，皆以炼铜为柱踬。"

①杨鸿勋《西周岐邑建筑遗址初步考察》

**秦**朝时，出现了一米四见方的整体石柱础，汉朝时柱础也多为方形（彭山崖墓）。六朝之后，受佛教艺术的影响，中国建筑与佛教艺术已开始融合并发扬光大。例如在山西司马金龙墓出土的柱础上，已雕有覆盆莲花及盘龙、人等复杂之纹饰。因此，东汉后佛教传入我国，庙堂建筑逐渐兴起，佛教的装饰艺术对后世的柱础雕饰产生了重大的影响。

北魏柱础（司马金龙墓）

**唐**朝的特征明显，莲瓣柱础多作覆盆式的铺地莲花，其莲瓣较为写实且富变化。这种类似佛教"莲花座"的古式覆盆莲花造形，在佛光寺的大殿前可以得到印证。无论是素平覆盆还是雕琢莲瓣础石，都整体矮平。

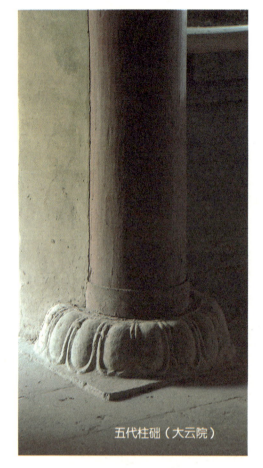

五代柱础（大云院）

**五**代时，莲瓣隆起。

**到**了宋朝，柱础的装饰向多样化发展。在《营造法式》中，对柱础的纹饰记载有：海石榴花、牡丹花、宝相花、铺地莲花、仰覆莲花、蕙草、龙凤纹、狮兽纹等等，这些纹饰有明显佛教影响痕迹。在《营造法式》第三卷中，对柱础的形式、比例及装饰手法更有详细的说明："造柱础之制，其方倍柱之径，方一尺四寸以下者，每方一尺厚八寸，方三尺以上者，厚减方之半；方四尺以上者，以厚三尺为率。若造覆盆，每方一尺覆盆高一寸，每覆盆高一寸盆，唇厚一分；如仰覆莲花，其高加覆盆一倍，如素平及覆盆，用减地平钑，压地隐起华，剔地起突，亦有施减地平钑及压地隐起莲瓣上者，谓之宝装莲华。"

**元**代的柱础，如同它的梁构、斗栱，粗壮而不修边幅。特点是多为不加雕饰的素覆盆式素平柱础。素覆盆式上端隆起较低，则周边呈圆弧形渐收起，呈"扁形圆盆"状。

宋代柱础（冶底岱庙）

**明**朝的柱础最是精彩。柱础形式丰富多彩，常见的有覆盆式柱础、古镜式鼓磴、鼓型、瓜型、花瓶型、宫灯型、六锤型、须弥座型……千变万化，异彩纷呈。早期覆盆式幅面阔大、较粗硕、古拙。中期以后覆盆式幅面较小，规整而细腻。古镜式鼓磴常见有两种，一种是竖向瘦而长呈腰鼓形青石制作，其造型打磨比前者光滑细腻。

**清**代的柱础秉承了明代的做法进一步走向繁复。

**终**于在老宅里找到一位老者，答案让人瞠目结舌：村里有两大富户，一家姓牛，一家姓王。当年村里翻修大庙，银子有些结余，两家合计了一下，便修了这座"牛王楼"。两姓的观景楼，苍山绿水处，依然能想到当年依栏小立风吹袂起的快意。

春秋一部续尼山　忠义满腔昭泗水
千年血食镇乾坤　万古忠贞悬日月

千古关壮缪　庙堂看匾额

# 青砖黛瓦关岳庙

创建年代：不详
现存架构：明至清
地理位置：平顺县北社乡常家村

**关**岳庙的复杂性在于你很难把它明确归类到哪个宗教系统。

**关**羽本是一名武将，但由于他"义不负心"并最终"断首捐躯"成仁。因此，千百年来，朝臣黎庶敬慕关羽"忠义仁勇"，视其为忠义楷模，仁勇化身。历代帝王为旌表忠义，步步加封，由"侯而王，王而帝，帝而圣，圣而天"。其封号最终成为"忠义神武灵佑仁勇威显关圣大帝"。

**《全**唐诗》二四八卷中，郎君胄有《关羽祠送高员外还荆州》一诗可以佐证。"将军秉天姿，义勇冠今昔。走马百战场，一剑万人敌。谁为感恩者，意是思归客。流落荆巫间，徘徊故乡隔。离筵对祠宇，洒酒暮天碧。去去无复言，衔悲向陈迹"。

**隋**代佛教天台宗编了个"关羽显圣"的故事，任命关羽为伽蓝护法，让他皈依了佛门。在民间，关帝不但被奉为武神、财神，而且具有司命禄、佑科兴、治病魔、驱邪恶、诛叛逆、招财宝等无边法力。人借助于令人惊异的想象把死后的关羽"帝"化到了拥有权力的高处。

**宋**代道教重新崛起，皇帝勘订神仙系列，把关羽拥进了道教的神龛，对关羽一再追封：

| 北宋 | 宋徽宗 | 崇宁元年（1102年） | 忠惠公 |
|---|---|---|---|
| 北宋 | 宋徽宗 | 崇宁三年（1104年） | 崇宁真君 |
| 北宋 | 宋徽宗 | 大观二年（1107年） | 武安王 |
| 北宋 | 宋徽宗 | 宣和五年（1123年） | 义勇武安王 |
| 南宋 | 宋高宗 | 建炎二年（1128年） | 壮缪义勇武安王 |
| 南宋 | 宋孝宗 | 淳熙十四年（1187年） | 壮缪义勇武安英济王 |

**儒**从不称教，并且儒家历来"不语怪力乱神"。但关羽是个特殊例子，把他抬到与孔夫子一样的高度，称为"武圣"，肯定不是书生的主意。

**宋**明理学的发展，使儒、佛、道在思想上能够相互兼容，在教规上相互借鉴，不再排斥对方。自宋代起，各地关帝庙虽多由道士住持，佛教僧徒也往往同住庙内，儒教徒也由国家派遣，前往关帝庙致祭。因此，在关帝庙内体现了全部的中国传统文化。

清 世祖 顺治九年（1652 年）关羽为忠义神武关圣大帝

清 世宗 雍正三年（1725 年）关羽为三代公爵、圣曾祖、光昭公、圣祖、裕昌公、圣考、成忠公

清 高宗 乾隆元年（1736 年）关羽为山西关夫子

清 高宗 乾隆三十一年（1767 年）关羽加封"灵佑"二字

清 仁宗 嘉庆十八年（1813 年）关羽加封"仁勇"二字

清 宣宗 道光八年（1828 年）忠义神武灵佑仁勇威显关圣大帝

帝 ，宗教徒或神话中称宇宙的创造者和主宰者：上帝。玉皇大帝。

君 主：帝王。皇帝。称帝。帝制。

**庙**里清代柱础保存完好，砖雕牌匾上书"忠义参天"四个大字，很有特色。

**东**汉许慎所撰的《说文解字》这样解释匾额："扁，署也……署门户之文也。"也就是门户上的题字。用以表达经义、感情之类的属于匾，而表达建筑物名称和性质之类的则属于额，合称匾额。

**最**早的匾额，根据清代训诂学家段玉裁考证，出现在汉高祖六年（公元前200年），萧何题写的"苍龙"、"白虎"两关之匾额。唐代颜真卿有部《乞御书放生池碑额表》，专门讲解碑额题写的书法要点。在宋代的《清明上河图》上，街巷店铺挂着各色各样的牌匾。到了明清，匾额几乎演义成礼仪规范的载体。

**忠**、义、侠，应该是人类不朽的精神追求，关羽的不朽在于虽有出世之想，实在俗世之中。脸谱化的关羽演绎出来中华民族的"红脸"忠良。

当年松棚院　如今雀替台

# 清泉美酒奶奶庙

创建年代：不详
现存架构：元至清
地理位置：平顺县苗庄镇北甘泉

**北山村** 甘泉圣母庙是山西省重点文物保护单位 。又是一座为女性修建的庙宇。人这一生，无非是看一些风景，走一些地方，明白一些道理，神仙也在走过场啊，甘泉圣母庙已是一座失神的庙宇。村四下铺排，碎落在一条谷的沟底。

西的老庙山门关得紧，据说做过酒厂的厂区，昔年的铁锁因风雨呈现出了锈迹的斑痕。

**枉**费虚度的时间，无望而执着，曾经的得失错漏附会着文明生活对从前的最后怀想。门锁着，意味着隔绝了你的进入。经老者指点后门洞开时，原来事情可以如此简单。

老松树绝对老态龙钟，遥想当年一定风光无限。

**大**殿铺满了酒瓶，椽檩上野鸽盘旋，少不了石雕、木刻，少不了戏楼、配殿，只是没找到那眼清泉。

**记**得有人说过：人的心里若有失，便看人也有失；人的心地若是佛，便看人也是佛。佛是谁？佛是对面。

**倒**坐山门的戏楼显然进行了改造。硬山顶上补上了新瓦，戏台前加装了台阶。酒厂已经作仓房多年，防潮隔热，也算发挥余热吧。

**只**有阑额下的骑马雀替昭示，这里曾经是圣殿，曾经是学堂，曾经是生旦净末丑演义人生的大戏院。

**雀**替是中国建筑中的特殊名称，安置于梁或阑额与柱交接处承托梁枋的木构件，可以缩短梁枋的净跨距离。其实这是清代的叫法，表明它完成了从力学构件到美学构件的转变，就像一对翅膀在柱的上部向两边伸出，一种生动的形式随着柱间框格而改变，轮廓由直线转变为柔和的曲线。在宋代的《营造法式》中称为"绰幕"，基本上是拱形替木，有两种基本形式：楔头雀替和蝉肚雀替，而且在元代以前只用于内檐。

**明**清以来，雀替走出室内，纹理和雕饰仪态万千。精选材质，相适而用，雕刻技法集深浅浮雕、镂雕、圆雕之大成。形式多种，平顺现存雀替，兼容南北各派，既有宫廷雍容华贵风格，又有江南书卷之气，以及各种民俗风格。简约者而不简单，复杂者而不杂乱，层次丰满而清晰。讲章法，讲布局，路径通明；或写实，或写意，风格多样；或精致细腻，或粗犷豪放，神采飞扬，气象万千。

**花**布衣裤的精致，是随意的也是精心的，笑是媚惑的，千年对视，情愫相生。"奶奶"是婉约的女子，肉身去时，灵魂留下。

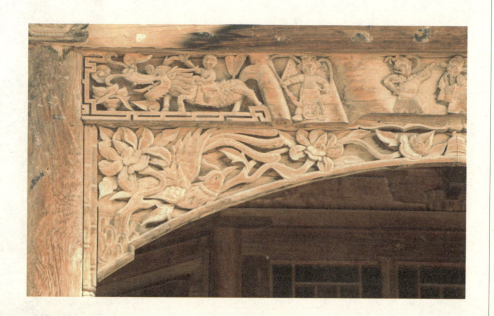

民族的图腾　炫丽的彩绘

# 施云布雨龙王庙

创建年代：不详
现存架构：元至清
地理位置：平顺县耽车乡王曲村

一些擒伏猛兽的故事，大抵发生在现实中，皆因为相比起平地，山的长相是突出的，可以是民间创作的源泉。神鬼人兽争霸的时代是神话的时代，状如丰碑万古长青。神话时代的子民，不屑与现实争斗，便创造了自己喜欢的图腾——龙。龙是什么？龙是一种神异动物，具有虾眼、鹿角、牛嘴、狗鼻、鲶须、狮鬃、蛇尾、鱼鳞、鹰爪，九种动物合而为一之九不像之形象。华夏民族的先祖炎帝、黄帝，传说中和龙都有密切的关系，"黄帝龙轩辕氏龙图出河"（《竹书纪年》），相传炎帝为其母感应"神龙首"而生，死后化为赤龙。因而中国人自称为"龙的传人"。而西方神话中 Dragon，也翻译成龙，但二者并不相同。

**龙**王一词的产生是佛教传入中国以后的事。佛教在汉晋时传入中国，于南北朝时期发展鼎盛，使原本已经淡化宗教意义的龙又注入了宗教的内容，由原来的神兽变成了充分人格化的"王"。

**道**教形成于东汉末年，它是在中国上古原始宗教的基础上吸收了春秋战国时期阴阳五行说和升仙思想发展而来的。龙，真正在民间确立显赫地位应该是道教的功劳。

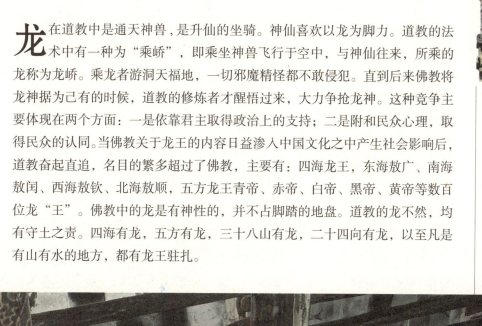

**龙** 在道教中是通天神兽，是升仙的坐骑。神仙喜欢以龙为脚力。道教的法术中有一种为"乘蹻"，即乘坐神兽飞行于空中，与神仙往来，所乘的龙称为龙蹻。乘龙者游洞天福地，一切邪魔精怪都不敢侵犯。直到后来佛教将龙神据为己有的时候，道教的修炼者才醒悟过来，大力争抢龙神。这种竞争主要体现在两个方面：一是依靠君主取得政治上的支持；二是附和民众心理，取得民众的认同。当佛教关于龙王的内容日益渗入中国文化之中产生社会影响后，道教奋起直追，名目的繁多超过了佛教，主要有：四海龙王，东海敖广、南海敖闰、西海敖钦、北海敖顺，五方龙王青帝、赤帝、白帝、黑帝、黄帝等数百位龙"王"。佛教中的龙是有神性的，并不占脚踏的地盘。道教的龙不然，均有守土之责。四海有龙，五方有龙，三十八山有龙，二十四向有龙，以至凡是有山有水的地方，都有龙王驻扎。

王曲村的龙王庙已多年无人拜祭。坐北朝南的正殿外面接了个献殿，面阔三间，进深两间，单檐悬山顶，斗拱单杪，双下昂呈琴面状。大殿彻上明造，梁架五彩缤纷。

**彩**绘是中国古代建筑上极富特色的装饰手法。用色彩和油漆在梁架、枋檩上刷饰或绘制各种图案、花纹，除了美化眼目，更重要的是有很好的防腐防蛀性能。

**春**秋战国时期。《礼记》记载："楹，天子丹（红），诸侯黝（黑），大夫苍（青），士黈（黄）"。楚大夫屈原在《楚辞·招魂》中，这样描写当时的建筑："红壁沙版，玄玉之梁些；仰观刻（桷），画龙蛇些。"

**秦**汉时期《西京杂记》中的建筑"椽榱皆绘龙蛇缠绕其间"。彩画多分布在藻井、斗栱、门眉之上，配色"文以朱绿，饰以碧丹，点以银黄，烁以琅玕，光明熠熠，文彩斑斓"。

**南**北朝佛教鼎盛，梁柱的装饰画中出现了云朵、卷草、莲花等极具西域特色的图案。

**隋**唐追求华丽，"五彩间金装"，油饰彩绘上沥粉贴金。鸟兽纹样图案开始出现。

**宋**朝《营造法式》第十四卷专门记述了当时的彩绘制度，图案高度程式化。在五彩额柱和碾玉额柱中，有诸如豹脚、合蝉燕尾、叠晕、单卷如意头、剑环、云头、三卷如意头、簇三、牙脚等许多名目，对后世彩画产生了很大影响。

**元**代是黑白轮廓线，青绿素雅色调，绘画与雕饰相结合。

**明**朝梁枋彩绘，多以青绿为地，略饰朱金，比较淡雅。

**我**们常见的是清代作品，大红大绿，异彩纷呈。

**龙**总归是人们一路走来想象中的一个异样的梦想。被五千年的文化叠加起来，张着扩大的鳞片，巍峨了岁月，即便有过声响，也不再是普通兽的形象。如雷霆一样，如冰裂一样，眩晕的能量是可以湮灭一切的。那自由的形状穿过大地横过苍穹，并以其惊惧轻灵俯视着广漠和众生。敬畏是人们最早生长庙宇的肥料，敬奉是希望它润泽万物、惠顾生灵。尊敬又是虚无的，因为它只是一种精神，而不是一种物质。

盛世风流帝　山村五彩堂

# 祭祀玄宗唐王庙

创建年代：不详
现存架构：元至清
地理位置：平顺县耽车乡南峧村

**唐** 朝的盛名源自历史的荣耀，那一去不复返的大唐景象因一个君王李隆基（685~762年）而赢得了唐诗中催人心肝的诗句。如今平顺耽车乡南峧村的唐王庙已经浓缩成了残存的古董和尘封的史册。也许他与潞州有些渊源吧，史书记载，中宗景龙元年（707年）四月，李隆基以临淄王的封爵和卫尉少卿的四品官职，兼任潞州别驾。潞州，早一些时候长治的名称。景龙三年（709年）十月卸任回长安。

**传** 说在潞州治政的近三年中，"有德政、善僚属、礼士大夫、爱百姓"。当地政府为此建有"德风亭"，传说旧址在今长治市府上街。也是传说，亭西有辇道接"盾花梳洗楼"（旧名游岭，即今牛岭）。还是传说，他志趣不凡，风雅博学，礼贤下士，有识之士都乐于归附。假如唐长安是一个丰美、灿烂之秋的记忆符号，铭刻在他恒久的记忆中，潞州，只能算是一颗虚闪的流星。《诗经》说"询美且都"，都，闲雅也。一个国家的政治中心，宫殿壮丽，人才荟萃，物品丰备，极尽奢华。当时的长安城是明建西安城的七倍左右，比同时期的拜占庭都城大七倍，居当时世界名城之冠。能来潞州做别驾，并且做了三年，史书确有记载，来没有来不好说，挂个名号倒有可能。当时的唐安城有太学诸生三千人，国学六馆，真要说是胸怀大略，长安城的注目一定比小小的潞州优先。历代官府都喜欢沾一点王者之气，或者真有过虚晃一枪的经历，或者压根就是一个虚名，一切，对我来说已经不太重要。建庙朝拜敬奉一下是有可能的，毕竟印度的佛教文化是由唐朝扩大了影响，文化统一并兼容。儒、佛、道并行，有着辉煌的万丈光芒。

我还是来抄袭一下传说吧，景龙三年（709年）十月，李隆基带着精锐将士从潞州卸任回长安，以皇侄身份起事，诛韦后及其党羽，拥立他的父亲睿宗，为他下一步登上皇帝宝座打通了道路。李宜德参加了诛除韦后的行动。王毛仲则参加了镇压太平公主谋乱的行动，为李隆基当皇帝扫除了最后一道障碍。三年后，李隆基即帝位，开创了与"贞观之治"齐名的"开元盛世"。开元十一年（723年）正月，李以皇帝身份再次来到潞州。侍驾而来的，还有张嘉贞、张说、张九龄、苗晋卿等名臣。他初九日进入潞州后，大摆筵席"宴父老"。并把当年故居改为"飞龙宫"，让张说写了一篇《上党旧宫述圣颂》，树碑勒石；还让张九龄写了一篇《圣应图赞》。而且免除了潞州五年的租税，赦免了"大辟"以下的所有罪犯。开元十二年（724年），李东游泰山，回程途中又绕道潞州，体察民情，慰问疾苦，再次赏赐"父老"。开元二十年（732年），李第四次来到潞州，对老年人普遍"赐粟帛"，让已经征募、即将开拔的士兵归里，另从别处征集，并再次免除潞州三年租税。

传说，李隆基之所以对潞州情有独钟，因为潞州是其发迹之地。

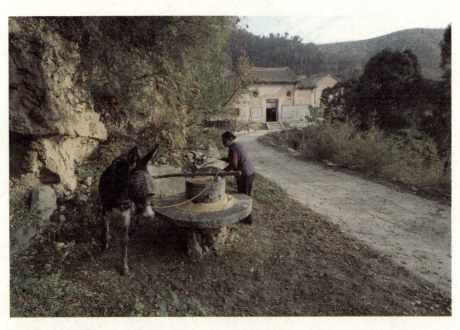

**南**峧村唐王庙已经多年无香客问津. 一进院落，坐北朝南。单檐硬山顶，斗栱四辅作。行政隶属平顺县北耽车乡。但前往时，最好从中五井乡排珩村进入。沿途古村遍野，秋色溶金。

隘道上，
回响着当年的号角；
天空里，
弥漫着历史的苍凉；
铭文间，
浸泡着血染的寒秋。

# 烽火燎原虹梯关

地理位置: N36° 13 '  E113° 36 '

**虹**梯关不仅在上党地方史中, 乃至中国政治史上曾留下厚重的一笔。明朝是在冬季的安详和静谧中开始的。在 227 年里, 一个王朝的兴衰, 被同时植入进了冬天。相对于其他王朝, 明朝更适合于回忆, 当时的那个关口代表着对秩序和安全的渴求。朝代的叙事和轶事、动感和细节、情态和吉凶, 每个朝代都有一串人物图谱与生活景象。可惜, 晚明的天空略显得伤感和凄凉些。

**虹**梯关下有块石碑，说的是设立关隘的经过。

"玉峡关西来余百里，近蚁尖砦，千峰壁立，中通峭峡，状如风门，而小下则无底之壑，石蹬齿齿，盘廻霄汉，望之如虹霓然，比岁青羊之冠，凭负以拒汏师者，此也。故号虹梯，予易以今名，亦因以关焉，从而铭焉。

石厓攀天，仄蹬千廻，仰干塞明，俯临蔽霾，铁壁勾连，谼谺中开。观者骇魄，行子心摧。亘如长虹，横绝天阶。彼昏者氓，肆其喧阗。爰据培塿，以抗震雷。卒于大刑，亦孔之哀。太行之阿，大河之隈。关门弗严，惟帝念哉。北山有石，南山有材。经之营之，突焉崔巍。侍臣作铭，以诏后来。

大明嘉靖戊子贵溪夏言书"

**撰**碑的夏言，嘉靖戊子年（1529年）是明朝兵科给事中，后来曾四次出任内阁首辅（相当于国务院总理），照理是个不小的官，但题款上却道：贵溪夏言。夏言是江西贵溪人氏不错，但在官本位的中国，树碑立传却不显官位却及其少见。还为更蹊跷的是，石碑由碑座、碑身、碑帽三部分组成，碑身接近正方形，碑帽呈不常见的简易半圆形，硕大的碑帽一直平放地面，碑帽搁置一旁，欲建碑亭的四根柱础散落四方，似乎期间发生什么事，立碑的事被中途放弃了。

从碑文语境上看，铭文无疑是当时一蹴而就，作为纂修《大明会典》的总裁，这点文采肯定有的。当时到平顺，只为了"勘青羊山平贼功罪"《明史·夏言传》，做篇铭文，不署官衔也有情可原。问题是碑是什么时候立的？又为何没有最终完成？

碑显然不是当时立的。如果夏言监制，碑都刻好了，碑帽不会没时间戴，何况核实众将官的述职报告对地方并无利害关系，兵荒马乱的也没有这个闲情逸致。立碑最可能的时间在嘉靖十四年至嘉靖十八年之间（1535~1539年），时任少傅兼太子太傅（太子的老师）的夏言出任武英殿大学士，入参机务。当时的首辅李时和夏言关系很不错，"政多自言出"。嘉靖十七年，李时病逝，夏言接任，自封"上国柱"如日中天。巴结他的人很多，地方官员为了讨好夏言，彰显地方名气，树碑立传也在情理之中。可惜好景不长，夏言只做了五个月的首辅便因怠慢皇上被免。这就是立碑中途被搁置的原因。虽然夏言后来三次复出，但一直处于和严嵩集团的对峙当中，仕途险恶，地方官谁愿趟这道混水？立碑之事也就不了了之。

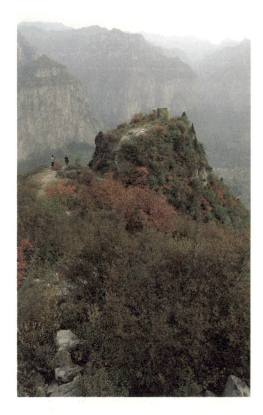

虹梯关矗于太行山险峰之上，于明嘉靖八年（1529年）建关，现存为民国二年（1913年）重修，青石拱券，面东北坐西南，外临悬崖，内依峭壁，通高4.5米，宽5余米，券高3.45米，宽2.5米，进深3余米。从遗址上仍然可以看到拦腰挡门的窝眼。关前的虹梯，原名洪梯，原是太行山中一条自然峡缝。两岸壁立千仞，屹如墉垣，如升云天，俗传为鲁班所凿。据清康熙三十二年《平顺县志·封域志》中载："张井里东大山中，有一小路通河南林县，山形似壁，势峻如天，路若云梯，俗传鲁班所凿，上有虹梯关。"

在建关以前只是一条山间隘道，从绝壁中踩出一条羊肠小道，后随晋豫商旅往来的增多，逐步修筑了三千六百余个台阶，迂回五十四盘，长3.5公里，高差数百米，被历代文人喻为"虹梯接汉"。是平顺县古八景之一。亲临关隘，仿佛置身于金庸的武侠小说。

建关的原因起源于一次震惊明朝政府的农民暴动，青羊山下一个姓陈的小吏的贸然行为，造就了潞安府，造就了平顺县，造就了虹梯关。可惜那些真实于生命的人总是选择失败，生命是个体行为，不可能全方位去配合历史，一旦进了历史，常常的那些不合时宜的才显得丰富多彩。

# 晋冀咽喉玉峡关

地理位置：N36° 00′ E113° 39′

1515年，潞城县衙小吏陈卿越权赈灾，"欺官舞弊，被革不悛"（清康熙三十二年本《平顺县志·创建平顺县记》）。七年后，逃进潞城、壶关交界的深山老林的陈某，抗差役，拒赋税，占山为王，打家劫舍，"持险出没，官吏不能制，二年聚众二万，张旗建号"。（民国《平顺县志·陈卿应殿》）

**1**528年，大明政府"乃敕三省会剿"（张熙修《山西通志·大事记》），平定叛乱。国防部总参谋长"建议置县并置守备军官以防余孽复萌"（夏言《桂州奏议·青羊抚谕相设大略疏》），呈请在青羊山设置县治，在风门口山垴设立玉峡关，在虹梯险断设立虹梯关，以加强统治。明世宗对此大加赞赏，割地邻封，赐名曰平顺县。

**1**529年，平顺设县后，在玉斗崖、白云谷、潘溪峰、虹梯关设立四个巡检司，派兵驻守，查验通关文牒，抓捕嫌疑，巡察治安。同时，取长治久安之意，新设长治县，潞州升为潞安府。玉峡关建关后，有碑铭志记，原在玉峡关门口，镌造于明嘉靖七年(1528年)。碑文系明代兵科给事中夏言撰文书写，字体楷行相兼，遒劲有力；刻工精细。铭文如下：

"玉峡关者，夏子创焉而命之名也。旧曰风门口，在隆虑山之巅，为两河、三晋之界，盖天作之险也。前此弗设守，庸氓往往凭阻以拒命吏，兹大非失理与！乃即是关焉。关成而系之以铭：太行盘盘，横厉中原。近弥河朔，遥缀昆仑。

太原大梁，维国雄藩。壶关林虑，界于花园。

鸟道崎仄，轮摧马烦。怪石离裂，熊攀豹蹲。

连崖壁立，屹如墉垣。绝顶中断，是曰风门。

俯临夜壑，仰逼朝暾，一夫挺身，万骑空屯。

设险甚固，王者道存。乃告守吏，爰作键阍。

勒铭岩阿，宠以瑶琨。匪昧在德，用戒罹昏。"

**正** 是：陈卿血溅青史，夏言古碑安在？

**玉** 峡古隘，建关不过五百年。为了寻找那块幸存的碑碣刻石，在方志文献的字里行间游荡了许多天。

**踏** 上玉峡之途，希冀见证那段历史文字，领略"近弥河朔，遥缀昆仑"的壮观。

王斗崖下玉峡关，风门口前雄风依旧。

花园古道，望断林滤山巅。想必那石头也是当年石匠敲打出来的，不是当年流行石匠雕工，只是为了脚下。由此可以领悟一个道理，任何为艺术而艺术的行为要穿越时空留存下来挺难，不为艺术而艺术的古道倒显得宠辱不惊和气定神闲地活到了现在。天在上，地在下，一行脚印走过，人生已是百年。

秋水裹起岁月的沧桑，夜风蚀去古碑的棱骨。在远离风门口的河道上，我们终于看到了那已经折损为两段的石碑。目光被弹回来的时候，明明知道，它曾经记载着别样的文字。2010年《玉峡关铭》碑迁立至玉峡关村西。

一条黄土路，
回荡着祖先的足音；
一枝山桃花，
丈量着时光隧道的距离；
这就是家，
守望着麦子和玉米的传奇。

# 黄土高原活标本——西社

地理位置：N36° 15 ' E113° 17 '

**我**们的先祖在荒蛮的狩猎和被狩猎时期是居无定所的，要么是追着猎物走，要么是躲着猛兽跑以不至于成为猎物。终于有一天告别了颠沛流离，他们从被动采集转向畜牧、耕种和囤积。在一个可以遮风避雨的居所，开始了新的生活。

**最**早的居住方式是穴居式。《礼记·礼运》载："昔者先王未有宫室，冬则居营窟，夏则居桧巢。""营窟"就是一种地穴式房屋。唐代鸿儒孔颖达这样解释："冬则居营窟者，营累其土而为窟，地高则穴於地，地下则窟於地上。谓於地上累土而为窟。"《墨子·辞过》也说："古之民未知宫室时，就陵阜而居穴而处。"

**黄**土高原特质黏土和太行山干燥环境为我们保留了从远古到现代的各式民居。平顺北社乡西社村展示的地窨院、窑洞、四合院、碉楼院，几乎涵盖了北方民用住宅的全部类型。

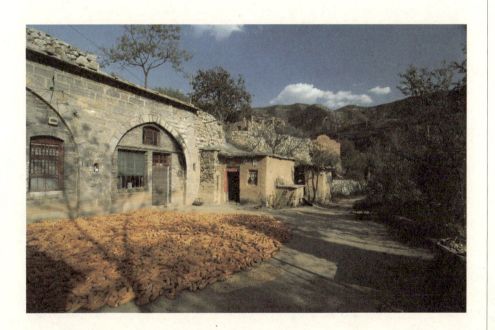

在曹村南的深巷里，连片的民国时期建筑中西合璧。平顺的潞商，既不卖盐也不卖茶，没有走西口，到京城给八旗子弟倒腾鼻烟壶。

生香清代在北京有铺面，与兄弟合伙做鼻烟壶生意。发财后，返乡回家建了处宅院。坐北朝南，东西26.4米，南北19.1米，占地面积504平方米。由两个独立平行的院落组成。东院二门石匾上题记创建于民国十九年（1930年），现存建筑为民国遗构。东院为二进院落布局，中轴线由南向北现存二门、正房，两侧遗有东、西厢房。正房为窑洞1座4孔，建于高0.2米的台基之上。整体由土坯券砌，前墙为砖砌筑，均设对开板门，方格窗，正中窑洞上部嵌石匾题"自省堂"。东院二进院东、西厢房为二层棚楼式建筑，均为面宽三间，进深四椽，五檩式构架，单檐硬山顶，灰板瓦屋面。明间设对开板门，次间设方格窗。二层仅设格扇窗，前檐置三攒异形栱。二门为中西结合式建筑，由砖石砌成，正中嵌石匾，题"平为福"及创建人和年号，两侧设砖雕八字墙，雕造精美。西院现存正房和大门。正房与东院连成一体。棚楼式建筑是当地民居的一种营造做法，即一层功能为起居及日常活动，空间较高；二层功能为保温、隔热及储物，空间较低。

兄弟曹生芳的民宅位在曹生香的住宅西面。坐北向南，东西17.8米，南北30米，占地面积534平方米。二进院落布局，中轴线由南向北依次为南房、二门、正房，两院两侧均建有东、西厢房。正房为窑洞一座三孔，建于高0.25米的石质台基之上，是在自然土壁上开挖窑洞后，用土坯券砌内部，砖、石垒砌前墙。均设对开板门，方格窗。中间窑前墙嵌砖雕匾额，题"慎修身"，东西窑分别题"树德"、"务本"。东、西厢房均为面宽三间，进深四椽，五檩式构架，单檐硬山顶，灰板瓦屋面。明间设对开板门，次间设窗。

**特** 定的生存环境，酝酿着特定的人文。屋檐下的墀（chí）头装饰，呈现出民众精神生活的寄托和纯朴智慧的结晶。

**墀** 头是指硬山顶房屋，两端山墙与房檐瓦交接的地方，用以支撑前后出檐。明代以后，砖的大量生产应用为砖雕提供了必要条件。

**墀** 头成对使用。而墀头装饰的简繁程度，一般标志着房屋主人的知趣爱好和殷实程度。简单的则全无雕饰，只叠合多层枭混线。而复杂的基本涵盖了中国传统文化中各类吉祥图案，而且许多院落内的墀头中的图案往往取材于同一类吉祥图案或同一组人物故事，具有明显的连贯性和统一性。

**墀**头多由叠涩出挑后加以打磨装饰而成。一般由上、中、下三部分组成，上部以檐收顶，为戗檐板，呈弧形，起挑檐作用。中部称炉口，是装饰的主体，形制和图案有多种式样。下部多似须弥座，叫炉腿，有的也叫兀凳腿或花墩。墀头在有的地方自上而下。也称盘头、上身和下碱。

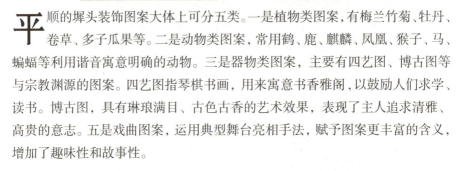

**平**顺的墀头装饰图案大体上可分五类。一是植物类图案，有梅兰竹菊、牡丹、卷草、多子瓜果等。二是动物类图案，常用鹤、鹿、麒麟、凤凰、猴子、马、蝙蝠等利用谐音寓意明确的动物。三是器物类图案，主要有四艺图、博古图等与宗教渊源的图案。四艺图指琴棋书画，用来寓意书香雅阁，以鼓励人们求学、读书。博古图，具有琳琅满目、古色古香的艺术效果，表现了主人追求清雅、高贵的意志。五是戏曲图案，运用典型舞台亮相手法，赋予图案更丰富的含义，增加了趣味性和故事性。

# 蓬荜生辉忆明清——奥治

地理位置：N36°20′　E113°34′

**奥** 治村是浊漳河畔、太行陡壁上的一道风景。

**奥** 治不是外来词，但需要诠释。奥：通"澳"，水边深曲之处；治：管理也。这是个被充分管理过的河湾。据《平顺县志》记载："传言伯鲧治水至此引漳南行功不成，禹因势利导去其壅塞漳始东流，疏凿之痕至今犹存。"

**大** 禹治水的传说和遗迹几乎遍及神州大地，翻开卷帙浩繁的史书典籍：从《史记》、《尚书》、《诗经》到《水经注》、《山海经》、《淮南子》，对那场惊天地、泣鬼神的治水运动都有详细的描绘。

**关**于大禹治水的传说虽然见诸于各类古籍，按当时的生产力水平而论，未必可信。如果按《禹贡》记载大禹所治理江河的水利工程量，即使使用当今的先进设备；即使舜帝国库里有那么多银子；即使大禹拿着张全球通行的绿卡，在非舜领地东夷、西戎、南蛮可以通行无阻，那么，在短短的十三年中也绝对难以完成如此浩大的工程。但大禹治水的故事，做为一笔宝贵的精神文化财富，永远是华夏大地的不朽神话。

**奥**治村有座禹王庙，围绕着古庙的是一串串的明清老宅。

173

**老**宅都有百年以上的历史，各色各样的铺首雕刻着时代的印记。

《**说**文解字》上说："铺首，附着门上用以衔环者。"据《汉书·哀帝纪》记载"孝元庙殿门铜龟蛇铺首鸣"，对此唐代颜师古注释说："门之铺首，所以衔环者也。"可见西汉时，大门上这个构件已普遍存在。

**铺**首最早是镶嵌在大门上，供叩环而用的门饰。由于先民们的自然崇拜，铺首便具有了镇凶辟邪的吉祥寓意。铺首多为兽头状，多为虎、狮、螭龙、饕餮等凶猛兽类。兽面铺首一般都作猛兽怒目状，露齿衔环，于是就将一种威严气象带上大门，成为人民心目中的吉祥物。铺首以威严斥诸视觉，是传统艺术的一大创作，也是传统文化和宗教文化的形象载体。在这一门饰形式里，包含着丰富的文化内容，它体现了民众朴素的思想情感，对人们有一种强烈的感染力，是具有中国传统文化价值的艺术遗产。

**明**清的晋东南民居建筑中，铺首更多呈现吉祥和富贵。造型别致，构图典雅，生活化、地域化气息浓郁。

时光，
淡定的春华秋实；
村落，
殷实的田地家园；
往事，
不曾失落的从前。

阳春祈丰收　扛桩讲故事

# 扁担上的村庄——耽车

庙会时间：农历三月初八
地理位置：N36°20′　E113°30′

**北耽**

耽车是浊漳河沿岸众多村庄中的一个大村，距平顺县城35公里。

车村有水，水多到为患。有水的村庄常显得灵秀，因为有拍岸的涛声，有叮咚的泉响。可这里是一个小盆地，一遇大雨遍地是水。水让她沧桑得心疼。水多便常有不可阻挡的气势，涨了溪床，涨了溪石，居然不满足地痛快淋漓汹涌着。无可奈何的村人，根据地形的西北高、东南低，在盆地东挖了一个土池。

**接**着又在盆地西也挖了一个土池，两池中间又挖开了一条宽1米，深1米，约500米长的排水渠，此渠紧紧把两个土池连接起来，用于蓄水和泄水。活象一条扁担担着两个水池。于是人们就把这个小庄子叫成担池庄。若干年后，一个阴阳先生路过此地，对当地的长者说："你们这个庄子的人们活得太累，日复一日，年复一年担着两个大池，里面还满满地灌着水，你说你们累不累？两个池是圆的，像两个车轮子，两池中间的连接渠像一根车轴，又似一条扁担，担上两个车轮子，让它自己滚着走，总要比担上两个大池轻快得多。应改成担车。"于是便改成担车村。到了宋代，两个池周围和连接渠两边都住上了人家。人们干脆把渠填平为街。对村名也进行了考究，认为担车也是身有重负。于是把担改为耽误的耽，村名改称为耽车。

阳春三月，乱石中横逸嚣张出了春天的绿，那种即将到来的充满野性张扬的蓬勃，正是祈福风调雨顺的季节。祈福平安，在阳光映照下的红花绿柳，光彩炫目。灿烂着人们的笑脸，铺排了村庄的热闹。尽管如此，最打动我的是扛桩，它让你心酥神定，疲惫全消。

扛桩是社火中心内容。用一根细长的铁棍或钢管，高两米左右。上面的架子上坐了"金童玉女"，下边架子扛在家长肩上。和着八音会的古乐，孩子们浓妆盛彩，踏着欢乐的鼓点，在场子里舞得热闹激昂。当年村子里选童男童女讲究"全乎人"，也就是说，其父母、兄弟、姐妹、爷爷奶奶、叔叔大爷、姑、舅、姨都健在，称为十全十美。这大概也是庄稼人对未来好日子的一种祈愿吧。

**女**孩子优先,男孩替补。
孩子的家境殷实,置
得起行头,担得起风险。相
貌端正,身材苗条,年龄在
五至十岁之间。因为年龄太
小胆子小,在架子上面要一
天(大约二、三个小时),
身体吃不消;而年龄大的孩
子体重大,下面扛桩的人受
不了。扛桩的都是孩子的监
护人,个个训练有素,人人
背负希望。

**每**个桩头上都有一个故
事,每个心头上都有
一份愿望。

**庙**会构成了村庄的经脉，热闹弥漫着村庄的人间烟火气息，鲜亮的繁华又是耽车村人的灵魂。

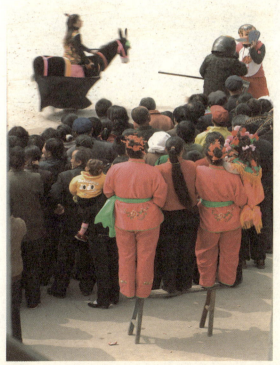

**遥**远的味道，那是中国式的味道。明晃晃的热闹，闭上眼睛，有多少人的欢乐从社火中流走？人走了，快乐和影像会留存下来，这样的热闹还可以延续几代？！

# 流云下的欢歌——东河

庙会时间：不定期
地理位置：N36° 13′ E113° 20′

**晋先其特**

东南乡野村庄老庙多，多到平常。但，东河这个庙会非同一般。

是，庙会定期不订日，只在农历三月，只选无雨无风的艳阳天。

次，主办单位不固定，八村五社轮流转。

别的是，你看过后，它就像一幕历史剧上演在你的脑海，时常浮现。

**宋**朝这里称三池南里，有五社：南社、北社、西社、下社和东河。
庙会由五社轮流坐庄，庙会日期由轮值社首，二月召集峰会，
卜测天气确定。庙会最重要一项是牛车大赛。社首不出车，其他四
家各出一辆，比牛、比车、比人气。各社各村各尽其能，各家各户
别出心裁，各社牛车各具风采。四社四彩车，景色各不同，四景车
从此诞生。

**清**代咸丰年间岁贡牛联奎老先生作诗盛赞："四景神车不计年，
五社八村会流传，赛期例卜三春暮，宴酒先尝二月天。廿四
马楼排列后，几重社鼓引当前。东下南北西流转，崇奉丹宵太乙仙。"
四景车大赛起于何时无史料记载，据村里老人讲，最后一次赛会是
日本人攻打长治那年。

**四**景车是种民间的"辂车"。

**何**为"辂"？就是这根架在车辕上用来牵引车子的横木。

**因**为"辂车"在书面表达上，为官方出行的仪仗车。在民间它只能幻想着官方的奢华。

**平**顺北社的四景车是九天圣母的仪仗车。每当庙会，村民们抬出圣母庙的主神进行巡视时，当然少不了仪仗队。

**四**景车"4辆，神楼24抬，神架2抬，神马24匹，抬扛、服饰(彩童)、小跷、高跷、社鼓、民乐队、扛装、伞、銮驾……这应该是九天圣母的"卤簿"。

**辂**车的样式很多，唐代"武德初着令，天子銮辂，玉金象革木五等，属车十乘，指南车、记里鼓车、白鹭车、鸾旗车、辟恶车、皮轩车、耕根车、安车、四望车、羊车。贞观元年十一月，始加黄钺车、豹尾车，通为十二乘也，以为仪仗之用。"（《通典第六十四·礼二十四·沿革二十四·嘉礼九》）

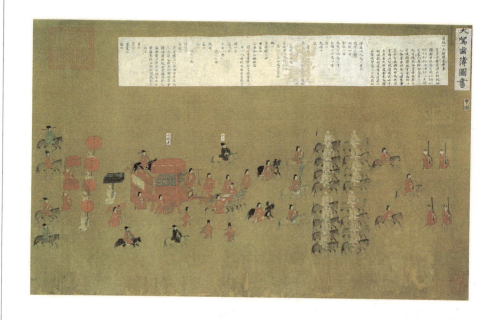

从宋代的《大驾卤簿图书》上看，单辕四驾，与北社的四景车很有一拼。从文字记载上讲，四景车与"四望车"更接近些。

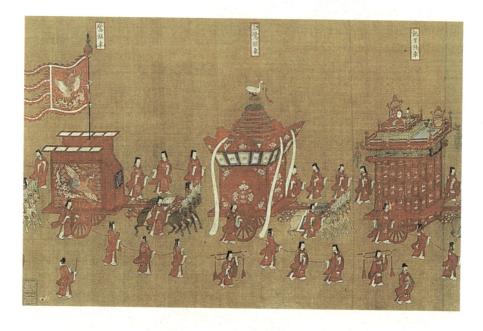

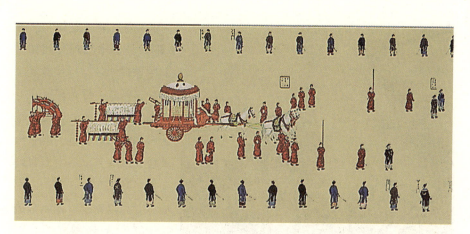

"**明**远车，古四望车。齐制，通幰，油幢络，班漆轮毂，亦曰皂轮车，以礼加贵臣。隋制，同辁车，黄金饰，青油幢朱里，紫通，紫丝网，驾一牛，拜陵、临吊则乘之。唐制，以金饰，驾四马，拜陵、临吊则乘之。大驾出，在安车後。宋初，驾以牛，後改，仍驾四马，赤质，制所屋，重檐勾阑，上有金龙，四角重铜铎，上层四面垂帘，下层周以花辕、三板驾士四十人。"（《文献通考卷一百十七·王礼考十二·乘舆车旗卤簿》）

**清**代的《大驾卤簿图》中，已经没有了车辕上的那根"辂"。

**四**景车制作工艺复杂。北宋沈括在《梦溪笔谈》中的讲述："大驾玉辂，唐高宗时造，至今进御。自唐至祖宗时，凡三至泰山登封。其他巡幸，莫记其数。至今完壮，乘之安若山岳，以措杯水其上而不摇。庆历中，常别造玉辂，极天下良工为之，乘之动摇不安，竟废不用。元丰中，复造一辂，尤极工巧。既成，以正旦大朝会宿陈於大庆殿，庭车人先以幕屋覆之，将旦，彻屋，忽其上一木坠，尽压而碎，人以为异。自後，只用唐辂，其稳利坚久，历世不能窥其法，世传有神物护之，若行诸辂之後，则隐然有声。"宫廷尚且如此，何况民间。

**北**社的四景车之所以珍贵，是它传袭了宋代工匠的不传之秘。

首推"辕头三锬"。三具榆木锬环环相扣，上用铁箍卡住，越拉越紧。"次曰推辕，绿色黑文，卫士推之以助马力。其横设辕后曰压辕，亦青饰，卫士压其後，欲取其平。左右冒以金龙，其轮三岁一易，心用榆木，束以铁圈，掩以金镀银。辂下横贯圆木为轴，冒以金筒，梗以金蹲龙簪，夹两轮，轮文皆彩绘，其辐饰以金花叶。"（《文献通考卷一百十七王礼考十二·乘舆车旗卤簿》）

其次是"双牛独辕"。驾辕用牛，宋代初期的形制（宋初，驾以牛，后改，仍驾四马）。与九天圣母庙北宋建中靖国元年（1101 年）重修圣母殿的碑记的时间极为吻合。碑文记载："命良工再修北殿记舞楼，向无何乡赴会，长新于桑田园，佳名永乐物华，冠韩甸之雄藩，人义控漳川之瑞景，时逢盛德，运偶清平，修神宫周备，乃庆赞具圆，人间之千载，灵府之半春……寰翠烟山，中兴祠岛，丝竹无穷，香云佳妙……"

**第三**，"层楼绳扎"。四景车上楼两层，不用木榫不用钉；三丈井绳盘根措，八溜麻花系四平。

池南里，太行皱褶中的小村庄，庄虽小，却藏着千年往事，让你有难以自制的感叹和预想外的惊奇。

**三设**想几种传艺途径：1.有一个宫廷匠人，告老还乡，把独门绝技带回北社。2.五代时期，政府更迭，走马换将，官方用车流落民间。3.有一批见过世面的有志青年，经常往返与京城皇宫，辂车的荣耀成为他们终身向往，临摹、偷艺，一心要让家乡的父老乡亲开开眼。

**第**一种途径可能性最小，京城太远，宫廷木匠一般不会来此招工；第二种途径有一定可能性，但凑巧在九天圣母庙落成时地区政府破产的概率有限。第三种途径，看上去有些荒诞，但可能最大。据《宋书·志第八·礼五》中记载："虎贲中郎将、羽林监，铜印，墨绶。给四时朝服，武冠。其在陛列及备卤簿，鹖尾，绛纱谷单衣。鹖鸟似鸡，出上党。为鸟强猛，斗不死不止。复著鹖尾。"就是说，按卤簿规定，在宋代的军队中，虎贲中郎将的头盔上饰有鹖鸟的翎，这种像鸡一样的大鸟，出自上党地区。年年进贡，岁岁纳粮，交上来的鸡毛必须符合卤簿要求；都城遥远，路途艰辛，官员、民工年复一年逛京城，难免有点想法。五个社车，五样风采，想必出自这些有心人。

山水无言，这里却透着皇家出行大气磅礴的气息，透着千古风流。面对一切，令人有点失语。悠久的历史，灿烂的文明，数以万计的民间文化，让我们敬畏陡生。从隐匿在老人满脸皱纹的那份安详和自足中，从孩子粉妆后天真烂漫的跳动中，我明白，在人来人往的世界中，每一个节日的一种仪式，不仅是对生活的一种付出和收获的馈赠，更是一种姿态，一种本能，一种需求，也是天成画卷的民间灯红酒绿。

正月总动员　十五闹红火

# 国画里的美景——虹霓

庙会时间：正月十五
地理位置：N36°14′ E113°38′

**对**于我来说，所有的旅行就是顺着时间的阳坡，让心灵一步一步爬升。我不能想象没有热闹的照耀对民间会是个什么样子，但是，我知道，只有农民式的热闹才叫热闹。

**虹**霓村的正月十五，让我心中有一种无法说出的饱满。我看见他们的笑脸，内心里有一种无法言说的喜悦。村庄给了我善良和温情的感动。

**我**庆幸我还能对民间基本品质作出判断，我庆幸我的出生地是在乡下，事实上，我热爱乡下已经有点不适应所处的社会了。我看到他们的红火热闹，脸膛红红的，衣服艳艳的，感觉俗俗的，我就知道，土壤上落下的太阳是有声音的。

**当**你从城市人酒桌上看到食客的激动和兴奋时，那已经是距离自然越来越远的表情了。你看那像风一样旋出来的热闹，你能感觉到他们的纯粹，并带着韧性色彩的舞蹈，那裹着密集土尘的烟雾都跳动着好日子的热闹。

**虹**霓这个村确实让人流连忘返。虽然生活并不富裕，但过的充实、惬意。村里没有旅馆，也没有饭店，支书请客：老李，你家正房宽敞，就在你家吃；开饭店的小张是不是回来过年了，让他来炒菜；告诉王会计，今晚我有客人到他家睡觉；你们把车放到李老师家，我一会儿去提两瓶酒。

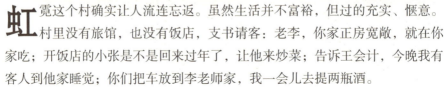

**虹**霓的正月十五，意味着六百来人的村子，男女老幼齐上阵，四百人在下面扭呀跳呀，二百亲友团助威。所以道具自备，原因很简单，村里没钱。据说，最高物质奖励是一双布鞋，还是支书通过朋友赊来的。

**生**活在清代的那位剃发为僧的明朝遗臣石溪，曾有一幅《群山烟雾图轴》（现陈列于上海博物馆），它的水平翻转图简直就是四百年前虹霓村的真实写生。在石溪履历中，并没有他涉足晋东南的记录。这种意境上的暗合，反映了当时典型的中国山水。

**孩**子们亲切得让你觉得伸出手就能摸着他们的快乐一样。但我知道，更多的时候，他们无法逃避的是许多日子的孤独。日头与影子相伴，大地与他们构成一个直角，不停的读书能走出大山吗？不管那些吧，快乐着自己的快乐最紧要。

扭秧歌，划旱船，舞狮子，耍大龙。吃过午饭开场，精疲力竭再吃晚饭。

积淀着淳朴　展现着民俗

# 漳河畔的遗梦——豆口

庙会时间：农历二月初二
地理位置：N36°20′ E113°40′

豆第

口，窦口也。

一次去豆口是为了寻找传说中的窦建德墓。豆口村"横漳水而带行山，枕龙门而控凤壁"，风水绝佳。

摄影/原晋蜀

**晋** 东南的迎神赛社庙会，按主办者和规模可分为三类：一是"官赛"，由官方出资而办，县政府参与祀神，在县城神庙前开赛，规模最大。一般是正月十五举办，各乡镇有组织地参加。二是"乡赛"，由某一神庙周围村庄联合举办，每次以一村为主，其他村辅助。由于是各村轮流主办，也称"转赛"。平顺北社的东峪沟大赛会属于这一类。三是"村赛"，由一村独办，在本村神庙前报赛，全村村民参加，规模较小。

**据**《豆口村志》介绍，村子在南北朝时就有人居住，现存明清时期的老宅仍是村民们的栖身之所。村不大，二十多处的寺、庙、堂、径、关等古迹遗址随处可见。

每年二月初二，对于豆口村来说绝对是个盛大的节日。豆口地处太行山区，"地处高燥，河涨而易涸，井深而难凿"；二月二是龙抬头的日子，在土地爷门前的搞个聚会，祈求神灵保佑今年风调雨顺、人畜平安。

古庙会除了集会、唱戏以外，最引人关注的是民俗表演活动。这天，跑旱船、踩高跷、舞狮子、闹红火，十里八乡前来赶集的百姓把豆口村的大街小巷挤得水泄不通。观赏了豆口村民俗文化表演可以说是饱食了一顿浓厚的民俗文化大餐。

这个漳河湾上的小村落，在历史上曾留下过辉煌的一笔。现在依然可以找到众多的文化遗存。

# POSTSCRIPT

# 跋

　　著名作家葛水平的新作《绽放的华栱》即将出版。在时下浮躁之风甚然、追名逐利之气犹存的情况下，水平先生却能处喧嚣而沉静，以高度的责任感和深邃思考致力于我市古建筑这一寂寥冷僻而超脱于功利之上的课题，实在是难能可贵。这部作品不仅内涵深刻，引古启今，更是一部不可多得的古建筑知识普及读物，几乎可以遍览整个古建定典。而古建，这一生僻难详的话题在作家的笔下变得那样的鲜活而灵动，在古建群里漫游，轻松愉悦之中用创新的方式去认知空间与时间，体会独有的语境所诠释的依附于特定历史环境下的建筑文化，从而演绎出全新的进程和变革。它既可作为随身的伴礼，又仿佛是茶余饭后奉上的甜品，意味犹长，回味无穷。

　　《绽放的华栱》集平顺古建筑之大成。作品对选题的发掘全面而深刻，不是浮光掠影而是全方位展现，不是留于表层而是由表及里，深入剖析，在物质与精神的碰撞中寻求新的天地，从而增强人们对这方地域文化的解读。作品运用一种极为精致复杂的古建筑词汇，使生活品味在词语中得到淋漓尽致的阐述，使人读后感慨不已：长治文化太美！本地人将会更加热爱生于斯长于斯的这方热土，外域投资者会扎根长治，居家兴业，进而让众多的人认识到这一地域文化资源的丰富、厚重和珍贵，启迪人们思考如何在追寻速度的同时，注重历史的厚度，理解"厚度大于速度"的哲理，让历史服务于今天，启示于未来。以文化弘扬长治，真正把文化软实力纳入长治发展的棋局，让文化兴邦、文化富民、文化推进长治的转型跨越发展。

我读过水平先生的散文，行文隽永酣畅、富有哲思，在这部作品里同样展现了她的这一功力。作者本着对历史负责的严谨态度，以其独具匠心的表现形式"试图让'彻上明造'、'剔地起突'等华丽而不知所云的古建筑生涩辞藻，用彩色的果酱浸润开来，让那些遗存在太行山间的古刹老庙不仅只是肃穆庄严"。正是出于这样的用心，作品化神秘为通达，化枯燥为鲜活，化束之高阁为走向平头百姓。用真实可信的语言把藏载于古建之中的历史知识、文化艺术及商业价值巧妙地释放出来，使作品具有了更强的感染力、更广的受众群。从根本上强化了作品的现实价值。首先，提高了人们对文物、文物保护、文物开发的认识。其次，从深层面来讲，文物保护不仅是物质形态的概念，更重要的是探寻物质形态之外的精神价值，对精神层面内容的发掘，使文物鲜活起来，重新融入社会生活，发挥新的功效。再次，我市是文物大市，蕴藏着众多而珍贵的历史遗存，特别是平顺县堪称中国古建筑艺术博物馆。做好文物保护工作不仅需要专业工作者的努力，而且需要更多具有历史责任感、使命感的社会各界的积极参与，从这一方面来讲，作者此举的意义已超出了普通的文物保护范畴，而是着眼于未来，完成了一件功德无量的事业。

从旅游的角度来讲，现代旅游现象，实际上是一项以精神、文化需求和享受为基础的，涉及经、政、社会等内容的综合性大众活动。文化因素渗透在现代旅游活动的各个方面，感受文化是旅游者的出发点和归结点，是旅游景观吸引力的渊源，是旅游业的灵魂。实践表明，一个国家或地区旅游业的兴衰莫不与文化旅游有着重要关联。奥地利的旅游，几乎都渗透着斯特劳斯等奥国音乐的神韵；埃及的金字塔，每每蕴含着古老的历史掌故。再如苏州的寒山寺，与其规模、建筑相似的景观，在我国比比皆是，但因张继的一首诗，却使寒山寺吸引了亿万游人；九江的古钟山，因苏东坡的《石钟山记》而成为名胜；我省的乔家大院以及相关的大院文化使当地旅游迅速发展。事实证明，未来的旅游业的竞争主要是文化旅游的竞争。作者正是站在这样的高度审视述说所及古建筑，见证古建筑与美之间的渊源，揭示古建筑最纯正的本质，分解其最基本的元素，并将它们回归本源，用奇特的表现语言，感受先人的伟大和文物的神奇，从而使作品具有展示文物旅游资源、引导旅游消费者从简单的需求消费逐步升级到追求旅游愉悦和极大的精神享受、服务旅游产业的功效。

我市文物旅游业正如旭日东升，方兴未艾，目前已取得了中国优秀旅游城市称号。这里有着丰富的文物及文化旅游资源，这里是"中国神话故乡"、华夏文明的发祥地，是雄才英俊辈出之地，又是抗日革命根据地，有着天蓝、地绿、人和气的优良环境——如何把这些宝贵的资源转化为文化产业，从而推进我市文物旅游事业的发展，是摆在我们面前的一个重要课题。真城地希望各方有志之士勇于探索创新，施展才华，创作出更多更好的文物、文化旅游作品，服务大众，造福一方。

闫广　长治市文物旅游局局长